全国职业院校课程改革规划新教材

汽车服务礼仪

王秋实　主　编

人民交通出版社股份有限公司
China Communications Press Co.,Ltd.

内 容 提 要

本书是全国职业院校课程改革规划新教材之一，主要内容包括：汽车服务礼仪总论、汽车服务人员仪态礼仪、汽车服务人员仪表礼仪、汽车服务人员穿着礼仪、汽车服务人员语言礼仪、汽车服务人员电话礼仪和汽车售后服务接待实务。

本书可作为中等职业院校汽车整车与配件营销专业、汽车商务专业的教学用书，也可用于汽车经销企业员工培训。

图书在版编目(CIP)数据

汽车服务礼仪/王秋实主编. —北京：人民交通出版社股份有限公司，2017.1

ISBN 978-7-114-13515-6

Ⅰ.①汽… Ⅱ.①王… Ⅲ.①汽车—服务营销—礼仪 Ⅳ.①F766

中国版本图书馆 CIP 数据核字(2016)第 294414 号

书　　名：汽车服务礼仪
著 作 者：王秋实
责任编辑：时　旭
出版发行：人民交通出版社股份有限公司
地　　址：(100011)北京市朝阳区安定门外外馆斜街 3 号
网　　址：http://www.ccpcl.com.cn
销售电话：(010)59757973
总 经 销：人民交通出版社股份有限公司发行部
经　　销：各地新华书店
印　　刷：北京市密东印刷有限公司
开　　本：787 × 1092　1/16
印　　张：10.5
字　　数：241 千
版　　次：2017 年 1 月　第 1 版
印　　次：2021 年 1 月　第 2 次印刷
书　　号：ISBN 978-7-114-13515-6
定　　价：24.00 元
(有印刷、装订质量问题的图书由本公司负责调换)

前　言 qianyan

Qiche Fuwu Liyi

近年来，我国汽车生产量和销售量迅速增加。据统计，2015 年我国汽车产销量均超过 2450 万辆，创全球历史新高，连续七年蝉联全球第一。我国汽车市场已经彻底由卖方市场转化为买方市场。在现阶段和未来，汽车的销售比汽车制造更加重要也更加困难，对汽车商务人才需求也不断增加。汽车作为大件耐用消费品，其市场推广和营销方法不同于其他生活消费品，要求汽车营销人员掌握汽车营销、售后服务等各方面的知识。

本套全国职业院校课程改革规划新教材，作为汽车整车与配件营销专业、汽车商务专业的教学用书，自出版以来受到广大职业院校师生的好评。为了更好地适应汽车行业的快速发展，满足市场对汽车营销和销售服务人才的高要求，人民交通出版社股份有限公司组织相关专家、老师对本套教材进行了修订。本次修订力求与汽车营销的实际工作相结合，注重对学生技能的培养，以帮助学生尽快适应高难度、高技术、高技巧、高专业化的汽车营销岗位。

《汽车服务礼仪》具有以下特点。

(1)实用性：在编写过程中，从企业岗位需求和学生发展空间两个方面考虑编排内容，注重专业基础和专业理论的系统性，又重点考虑了职业技能训练的需求。

(2)知识广泛：教材内容涉及汽车营销、售后服务等方面的知识。

(3)教材编排以图代文，图文并茂，通俗易懂；教材插图数量增多，文字叙述更流畅，便于学生自学掌握。

(4)教材编写模式以能力培养为目标，可以提高教学效果。

本书由重庆市立信职业教育中心王秋实(编写第一、二章)担任主编，参加编写工作的还有焦作市技师学院程泷锐(编写第三、四章)、重庆市立信职业教育中心陈美丽(编写第五、六章)、重庆市立信职业教育中心李昊(编写第七章)。

在教材编写过程中，我们参阅了大量的文献资料，同时也受到营销领域专家的指导，在此向他们表示诚挚的感谢。

限于编者的水平，书中难免有不妥之处，敬请广大读者批评指正。

编　者

2016 年 9 月

目 录

Qiche Fuwu Liyi

mulu

第一章　汽车服务礼仪总论

学习目标

1. 了解汽车服务礼仪的概念；
2. 掌握汽车服务礼仪的特点。

第一节　汽车服务礼仪概述

荀子曰:"人无礼则不立,事无礼则不成,国无礼则不宁。"我国素有礼仪之邦的美誉,礼仪文化源远流长。

孔子曰:"礼者,天地之序也""不学礼,无以立""礼者,敬人也"。道明了"礼"是基于对认清本身的了解,是一种伦理、道德的要求,是对他人的尊重,是治国之本。

从古至今,我国素有"礼仪之邦"的美誉,其中,儒家、道家等许多主流思想都推崇"讲礼重仪",它们对我国古代和近代社会文化的礼仪观念形成起到了重要的推动作用。现代社会的日常生活交往和经济活动交往中,加强礼仪教育,对于提升自身修养和素质、促进社会文明以及事业成功都具有重要的现实意义。

在日常生活交往和商务交往中,遵循一定的礼仪规范,会使得我们的社交和商务活动能够进行得更加顺利,甚至在一定程度上决定了沟通的成败,恰当、规范的礼仪既能体现出对他人的尊重,又能展现个人魅力和修养,因此,作为商务工作人员,应该了解礼仪的基本知识,掌握礼仪的基本规范。

一、礼仪的起源与发展

礼仪最初的产生是为了协调群体生活中的各种矛盾,维护社会生活中的"人伦秩序"。

早期人类多以群居形式生活,使得人与人之间相互依赖又相互制约。在群体生活中,男女有别,老少有异,既是一种天然的人伦秩序,又是一种需要被所有成员共同认定、保证和维护的社会秩序,人类必须妥善处理内部关系。因此,人们逐步积累和自然约定出一系列"人伦秩序",这就是最初的礼。此外,原始宗教的祭祀活动也为古代礼仪的形成奠定了一定的基础。这些祭祀活动在历史发展中逐步完善了相应的规范和制度,也就是祭祀礼仪。随着人类对自然与社会各种关系认识的逐步深入,人们将事神致福活动中的一系列行为,从内容和形式扩展到了各种人际交往活动,从最初的祭祀之礼(图 1-1)扩展到社会各个领域的各种各样的礼仪,如古代的祭天礼仪(图 1-2)。

图 1-1　河南新郑黄帝故里拜祖大典

图 1-2　北京天坛祭天仪式

原始社会中晚期已经出现了早期礼仪的萌芽,这个时期的礼仪尚不具有阶级性,具体表现有婚嫁礼仪、部族内部尊卑等级的礼制、祭典仪式,同时也出现了人们相互交往中表示礼节和恭敬的动作。

人类进入奴隶社会,统治阶级为了巩固自己的统治地位,把原始的宗教礼仪发展成符合社会政治需要的礼制,将其打上了阶级烙印。在这个阶段,中国第一次形成了一整套涉及社会生活各个方面的礼仪规范和行为标准(如“五礼”),这是比较完整的国家礼仪与制度。一些礼制典籍(如周代的《周礼》《仪礼》《礼记》)也在这一时期相继诞生,在汉代以后 2000 多年的历史中,它们一直是国家制定礼仪制度的经典著作,被称为礼经。

春秋战国时期是礼仪的变革时期,以孔子、孟子等为代表的诸子百家对礼教给予了研究和发展,第一次在理论上全面而深刻地论述了社会等级秩序的划分及其意义。例如,孔子非常重视礼仪,把“礼”看成是治国、安邦之基础,更有“不学礼,无以立”“质胜文则野,文胜质则史。文质彬彬,然后君子”等强调礼仪的经典语句。孟子则认为“礼”更多地体现为对尊长和宾客严肃而有礼貌,即“恭敬之心,礼也”,并把“礼”看作是人的善性的发端之一。

从秦汉到清末,在我国长达 2000 多年的封建社会里,不同朝代的礼仪文化在社会政治、经济、文化等方面都有了各自的发展,但却一直为统治阶级所利用,礼仪成为维护封建社会等级秩序的工具。整个封建社会的礼仪,大致可以分为国家政治的礼制和家庭伦理两类,这一时期的礼仪正是构成中华传统礼仪的主体。

近现代礼仪的发展更多是受到西方“自由、平等、民主、博爱”等思想的影响。辛亥革命以后,我国的传统礼仪规范、制度,受到强烈冲击。五四新文化运动荡涤了腐朽、落后的封建礼教,并继承和完善了一些符合时代要求的传统礼仪,同时将一些国际上通用的礼仪形式和规范引入进来,使中华礼仪焕然一新。新中国成立后,逐渐确立了以平等相处、友好往来、相互帮助、团结友爱为主要原则的具有中国特色的新型社会关系和人际关系。改革开放以来,随着我国与世界的交往日趋频繁,我国的传统礼仪和西方一些先进的礼仪、礼节相容并生,一道融入社会生活、经济生活的各个方面,形成了中西交融的礼仪文化特色。今后,随着社会的进步、人民文化素质的提高、科技的发展以及国际交往的增多,礼仪必将得到新的完善和发展。

二、礼仪的含义与基本特征

纵观礼仪的产生和发展,我们将“礼仪”概括定义为:一定社会结构中,在国际交往、社会交往和人际交往中表示尊敬、善意和友好的方式、程序、行为、规范和惯用形式，其在实施交往行为的过程中体现于语言、仪表、仪态、气质、风度等外在表象。

一般来讲，礼仪可以分成“礼”和“仪”两部分。“礼”是指礼貌、礼节，在《中国礼仪大辞典》中，礼是指特定的民族、人群或国家基于客观历史传统而形成的价值观念、道德规范以及与之相适应的典章制度和行为方式。“仪”则为“仪表”“仪态”“仪式”“仪容”等，是对礼节、仪式的统称。

因此，我们认为“礼仪”就是人们在各种社会的具体交往中，为了相互尊重，在仪表、仪态、仪式、仪容、言谈举止等方面约定俗成、共同认可的规范和程序。从广义的角度看，礼仪泛指人们在社会交往中的各种行为规范和交际艺术。从狭义的角度看，礼仪通常是指在较大或隆重的正式场合，为表示敬意、尊重、重视等所举行的合乎社交规范和道德规范的仪式。

礼仪贯穿于社会生活中的各个方面，它的内容涵盖了日常交往、商务交流等活动的各种场合。一般来讲，礼仪主要分为个人礼仪和公共礼仪。个人礼仪的内容主要有仪容、举止、表情、服饰、谈吐、待人接物、待客与做客礼仪、见面礼仪、馈赠礼仪等。公共礼仪主要是针对特定环境或场合需要遵循的礼仪规范，如图书馆礼仪、影剧院礼仪、酒会礼仪、餐桌礼仪等。

礼仪的基本特征包括：

(1)差异性。礼仪作为一种行为准则和约定俗成的规范，是各民族礼仪文化的一个共性。但是对于礼仪的具体运用，则会因现实条件的不同而呈现出差异性。这主要表现在同一礼仪形式常常会因时间地点的不同使其意义出现差异。

礼仪的差异性，还表现为同一礼仪形式，在不同场合，针对不同对象，会有细微差别。同样是握手，男女之间力度就应不同，新老朋友之间亦有差别。同样打招呼，在不同地区、不同民族的运用形式也不同。

(2)规范性。礼仪是一种规范。礼仪规范的形成，是对人们在社会交往实践中所形成的一定礼仪关系，通过某种风俗习惯和传统的方式固定下来，通过一定社会的思想家们集中概括出来，见之于人们的生活实践，形成人们普遍遵循的行为准则。这种行为准则，不断地支配或控制着人们的交往行为。规范性是礼仪的一个极为重要的特性。

(3)社会普遍性。礼仪这种文化形态，有着广泛的社会性。礼仪贯穿于整个人类的始终，遍及社会的各个领域，渗透到各种社会关系之中，只要有人和人的关系存在，就会有作为人的行为准则和规范的礼仪存在。

(4)时代发展性。礼仪是一种社会历史发展的产物，并具有鲜明的时代特点。一方面它是在人类的交际活动实践之中形成、发展、完善起来的；另一方面，社会的发展，历史的进步，由此而引起的众多社交活动的新特点、新问题的出现，又要求礼仪有所变化，这就使礼仪具有相对的变动性。

另外，常见的礼仪按应用范围一般分为政务礼仪、商务礼仪、服务礼仪、社交礼仪、涉外礼仪、日常礼仪和风俗节庆礼仪7大类。

(1)政务礼仪。政务礼仪是国家公务员在行使国家权力和管理职能时所必须遵循的礼仪规范。

(2)商务礼仪。商务礼仪是人们在商务活动中，用以维护企业形象或个人形象，对交往对象表示尊重和友好的行为准则和规范。它是人们在商务活动中应遵循的礼节，是礼仪在商务领域中的具体运用和体现,实际上就是在商务活动中对人的仪容仪表和言谈举止的一种普遍要求。

(3)服务礼仪。服务礼仪是指服务行业的从业人员应具备的基本素质和应遵守的行为规范。主要适用于服务行业的从业人员、经营管理人员、商界人士、职场人士、企业白领等从事这一领域的人士。

(4)社交礼仪。社交礼仪是指人们在人际交往过程中所具备的基本素质,交际能力等。社交在当今社会人际交往中发挥的作用越显重要。

(5)涉外礼仪。涉外礼仪是指在长期的国际往来中,逐步形成了外事礼仪规范,也就是人们参与国际交往所要遵守的惯例,是约定俗成的做法。它强调交往中的规范性、对象性、技巧性。

(6)日常生活礼仪。日常生活礼仪包括见面礼仪、介绍礼仪、交谈礼仪、宴会礼仪、会客礼仪、舞会礼仪、馈赠礼仪及探病礼仪。

(7)风俗节庆礼仪。风俗节庆礼仪包括春节礼仪、清明礼仪、端午礼仪、重阳礼仪、中秋礼仪、结婚礼仪、殡葬礼仪及祝寿礼仪。

三、汽车服务礼仪的概念

企业营销部门及营销人员是直接与客户接触的最前沿,因此营销类商务活动也是代表企业形象和服务水准的重要环节。怎样才能使营销活动顺利开展,进而促进产品或服务销售呢?除市场营销方面的各类针对性措施外,营销人员的礼仪素质也具有很重要的作用。

1. 良好的礼仪对体现企业形象和产品形象具有重要意义

例如,一些世界知名奢侈品专卖店的销售服务人员都必须经过严格的礼仪训练和培养,这些服务人员从外表仪态到举手投足都代表着这些品牌的高端定位,客户也能在接受服务的过程中领略到与众不同、高标准的礼仪素养。

2. 礼仪对于拉近与客户之间的关系和距离具有重要意义

在商品经济日趋繁荣、买方市场占主导的现代经济体系中,与客户之间的信任关系是决定企业竞争力的一个重要因素,为促进营销活动的顺利开展,许多企业对销售人员的礼仪素养也逐渐重视起来,因为良好的礼仪容易使双方互相吸引、增进感情,进而促使建立和发展良好的人际关系。

3. 礼仪对规范市场行为具有重要意义

由于现代市场竞争的加剧,许多企业的营销人员以及客户比较容易做出违背市场经济原则的行为,如违约、抢单等。现代营销礼仪可以在一定程度上规范各种行为,促使商务交往双方能够相互合作、相互理解、相互信任,从而保证市场营销活动的顺利开展和市场经济秩序的良好运行。

总而言之,礼仪是营销活动中非常重要的一个因素,营销人员个体和企业营销部门都应该注重自身的礼仪培养,提升礼仪素质,进而提高营销活动的成功率。

在当今日益激烈的市场竞争中,规范得体的服务礼仪作为一种媒介,表达出尊敬、友善、真诚,不仅能较好地展示个人的素养和道德水准,赢得客户的赞誉,还能塑造营销人员的良好形象,为汽车销售带来经济效益和社会效益。在汽车营销领域,礼仪具有很重要的意义和作用，因为营销人员良好的礼仪能够体现出专业的职业素养和形象气质，向客户传递友好、亲切的情感，从而促进产品的销售。

所谓汽车服务礼仪是指礼仪在汽车服务活动中的运用，是服务人员在汽车服务活动中为表示尊敬、善意、友好等一系列道德、规范、行为及一系列惯用形式。它是汽车服务人员的仪表、仪容、姿态、言谈举止、待人接物的准则，是服务人员的道德品质、内在素质、文化素养、精神风貌的外在表现。

四、汽车服务礼仪的特点

服务礼仪作为特定环境下的行礼仪式，其符合礼仪独具的特征，即规范性、限定性、可操作性、传承性四个特点。

1. 规范性

服务礼仪是服务人员在从事服务活动中待人接物时必须遵守的行为规范。这种规范性，约束着服务人员的仪容、仪表、仪态和行为举止，使其符合服务职场的礼仪规范。

汽车营销礼仪是营销人员在从事营销活动中待人接物时必须遵守的行为规范。这种规范约束着营销人员的行为举止，使其在仪容、仪表、仪态、举止等方面均按照特定营销项目的要求，符合特定的礼仪规范。如各类汽车品牌由于其企业文化追求不同，有不同的着装、不同的表情要求。

2. 限定性

生活中的很多礼仪都受场合、身份、发生的事件限定，其行礼的仪式也有差别。汽车服务礼仪更是如此。它是在汽车服务过程中对服务人员实施特定的约束，以满足企业的品牌形象和经营理念的需要。为了满足企业品牌形象和经营理念的需要，不同的汽车品牌在营销过程中对营销人员都有特定的约束，从而显示出各类品牌各自特定的内涵，这就是汽车营销礼仪的限定性特点。

3. 可操作性

不论何种汽车品牌的营销及其售后服务，其礼仪既有总体上的礼仪原则、礼仪规范，又有将这些原则、规范贯穿始终的具体方式方法，并落实在各个细节上，从而显得简便易行，容易操作。切实有效，实用可行，规则简明，易学易会，便于操作，是礼仪的一大特征。它不是纸上谈兵、空洞无物、不着边际、故弄玄虚、夸夸其谈，而是既有总体上的礼仪原则、礼仪规范，又在具体的细节上以一系列的方式、方法，仔细周详地对礼仪原则、礼仪规范加以贯彻，把它们落到实处。

4. 传承性

任何礼仪都具有鲜明的民族特色，都是从各自以往礼仪的基础上继承发展而来，这就是礼仪的传承性特点。汽车营销礼仪也是如此，各类品牌的营销礼仪离不开本民族礼仪，多是对本民族礼仪的继承、发展。任何国家的礼仪都具有自己鲜明的民族特色，任何国家的当代礼仪都是在古代礼仪的基础上继承、发展起来的。当然，随着社会的进步、人类文明的积累，礼仪的成果是在扬弃糟粕之上的传承与发展，这就是礼仪传承性的特定含义。汽车服务礼仪更是如此。

第二节　汽车服务礼仪的原则和作用

一、汽车服务礼仪的原则

在汽车服务职场中,服务人员要学习、应用服务礼仪,必须要把握具有普遍性、共同性、指导性的礼仪规律,这些礼仪规律,即服务礼仪。掌握这些原则,将有助于更好地学习、应用服务礼仪。汽车服务礼仪的原则有:

(1)遵守的原则。在服务职场中,每一位服务人员都必须自觉、自愿地遵守服务礼仪,以礼仪去规范自己在服务活动中的一言一行。

(2)自律的原则。从总体上来看,服务礼仪规范是由对待自身的要求与对待他人的做法这两大部分构成。对待自身的要求,需要自我要求、自我约束、自我控制、自我对照、自我反省、自我检点,这就是所谓的自律原则,也是服务礼仪的基础和出发点。

(3)敬人的原则。所谓敬人的原则,就是要求服务人员在从事服务活动中,对待客户既要做到互谦互让,互尊互敬,友好相待,和睦共处,又要将客户的重视、恭敬、友好放在第一位。这是“客户至上”的具体体现。

(4)宽容的原则。要求汽车服务人员在服务活动中运用服务礼仪时,既要严于律己,更要宽以待人。

(5)平等的原则。强调服务人员在服务活动中,不能因年龄、性别、种族、文化、职业、身份、地位、财富以及自己的关系亲疏远近等方面的差异,厚此薄彼,区别对待。这就是营销礼仪中平等的原则的基本要求。

(6)从俗的原则。“十里不同风,百里不同俗”,特别是从事服务活动的人员,会遇到不同文化背景的客户。首先要坚持入乡随俗的原则,这样会使服务礼仪的应用更加得心应手。

(7)真诚的原则。服务人员的交往人员运用基于交往主体对其客户的态度,如果能抱着诚意与对方交往,那么交往主体的行为自然而然地便显示出对对方的关切与爱心了。唯有真诚地与人交往,才能使你的行为举止自然得体。倘若仅把运用礼仪作为一种道具和伪装,即是违背礼仪的基本原则的。

(8)适度的原则。讲究礼仪是基于对相处对象的一种尊重的表现。但是,凡事过犹不及。如果施礼过度或不足,都是失礼的表现。

二、汽车服务礼仪的作用

(1)有助于提高服务人员的自身修养。在营销活动中,营销礼仪往往是衡量一名营销人员对企业及产品的忠诚度、责任感、使命感的准绳。它不仅反映营销人员的专业知识、技巧与应变能力,而且还反映营销人员的气质风度、阅历见识、道德情操、精神风貌。因此,在这个意义上,完全可以说营销礼仪即代表营销人员的教养。而有道德才能高尚,有教养才能文明。由此可见,把握运用好营销礼仪,有助于提高营销人员的自身修养。

(2)有助于塑造良好的服务形象。个人形象是一个人仪容、表情、举止、服饰、谈吐、教养的集合，而营销礼仪在这些方面都有详尽的规范，因此，学习运用好营销礼仪，有助于营销人员更好地、更规范地设计和维护个人形象，展示良好的教养与优雅的风度。

(3)有助于塑造良好的企业形象，促进企业经济效益的提高。从企业角度看，营销礼仪是企业价值观、道德观、员工整体素质的整体体现，是企业文明程度的重要标志。营销礼仪可强化企业的道德要求，树立企业的良好形象。营销礼仪使企业规章制度、规范和道德具体化为一些固定的行为模式，这些固化的行为模式对这些规章、规范和道德有强化作用。让客户满意、为客户提供优质的产品和服务，是企业良好形象的基本要求。营销礼仪服务能够最大限度地满足客户在服务中的精神需要，使客户获得物质需求和精神需求的统一。以礼仪服务为主要内容的优质服务，是企业生存和发展的关键所在。它通过营销人员的仪容仪表、服务用语、服务操作程序等，使服务质量具体化、标准化、制度化，满足客户的荣誉、感情、性格、爱好，培育客户对企业的信任，从而给企业带来更多的商机。

(4)有助于促进社会交往，改善人际关系。运用礼仪除了可以使营销人员在交际中充满自信、胸有成竹、处变不惊之外，其最大的好处就在于它能够帮助营销人员规范彼此的交际活动，更妥当地向交往对象表达自己的尊重、敬佩、友好与善意，增进彼此的了解与信任。

(5)推进社会主义精神文明建设。遵守礼仪，应用礼仪，有助于个人、民族、全社会的精神品位的提升，净化社会环境，推进社会主义精神文明建设。

本章小结

1.礼仪的含义：一定社会结构中，在国际交往、社会交往和人际交往中表示尊敬、善意和友好的方式、程序、行为、规范和惯用形式，其在实施交往行为的过程中体现于语言、仪表、仪态、气质、风度等外在表象。

2.礼仪的基本特征包括：差异性、规范性、社会普遍性、时代发展性。

3.汽车服务礼仪是指礼仪在汽车服务活动中的运用，是服务人员在汽车服务活动中为表示尊敬、善意、友好等一系列道德、规范、行为及一系列惯用形式。

4.服务礼仪作为特定环境下的行礼仪式，其符合礼仪独具的特征，即规范性、限定性、可操作性、传承性四个特点。

5.汽车服务礼仪的原则有：

(1)遵守的原则。

(2)自律的原则。

(3)敬人的原则。

(4)宽容的原则。

(5)平等的原则。

(6)从俗的原则。

(7)真诚的原则。

(8)适度的原则。

6.汽车服务礼仪的作用：

(1)有助于提高服务人员的自身修养。

(2)有助于塑造良好的服务形象。

(3)有助于塑造良好的企业形象,促进企业经济效益的提高。

(4)有助于促进社会交往,改善人际关系。

(5)推进社会主义精神文明建设。

复习思考题

1. 简述汽车服务礼仪的含义。

2. 简述汽车服务礼仪的特点及作用。

第二章　汽车服务人员仪态礼仪

学习目标

1. 了解汽车服务岗位的仪态要求和规范；
2. 掌握汽车服务人员标准站姿；
3. 掌握汽车服务人员标准坐姿；
4. 掌握汽车服务人员标准行姿；
5. 掌握汽车服务人员标准蹲姿；
6. 掌握汽车服务人员标准鞠躬礼；
7. 掌握汽车服务人员标准握手礼；
8. 掌握汽车服务人员标准手势。

第一节　仪态礼仪和标准

一、仪态礼仪

仪态美多指人的姿势、动作的美，是人体具有造型因素的静态美和动态美，它是一种无声的“语言”。良好的仪态是一种修养，仪态美则使人更富有魅力。与容貌和身材相比，它是更深层次的美。容貌美只属于幸运的人，仪态美则往往是出色的人。

人们在日常生活中的行为动作和表情，如站、立、走的姿态，一举手一投足，一颦一笑都反映出个人特有的仪态，它与人的风度密切相关，是构成人们风度的主要方面。仪态是一种不说话的“语言”，但却又是内涵极为丰富的“语言”。举止的高雅得体与否，直接反映出人的内在素养；举止规范与否，直接影响他人对自己的印象和评价。“行为举止是心灵的外衣”，它不仅反映一个人的外表，也可以反映一个人的品格和精神气质。有些人尽管相貌一般，甚至有生理缺陷，但举止端庄文雅、落落大方，也能给人以深刻良好的印象，获得他人的好感。正确的仪态礼仪要求做到自然舒展、充满生气、端庄稳重、和蔼可亲。诚如培根所说：“论起美来，状貌之美胜于颜色之美，而适宜并优雅的动作之美又胜于状貌之美。”

通过仪态不仅能够反映出服务人员的修养水平、受教育的程度与可信任度，同时，大方、得体、优雅的举止，也是其成功的通行证。所以，汽车服务人员只有不断注重仪态礼仪的学

习和行为培养,才能更好地展现自身和汽车品牌的形象。

中国人讲究“站有站姿,坐有坐相”,温文尔雅、从容大方、彬彬有礼已成为现代人的文明标志。仪态作为一种姿态语言,可帮助人们传递不同的信息。商务人员具有良好的仪态,可向客户、领导以及同事传递精力充沛、精神饱满、工作热情的信息。

仪态,又称“体态”,是指人的身体姿态和风度。姿态是身体所表现的样子,风度则是内在气质的外在表现。人的一举手、一投足有传情达意的功能,良好的仪态向他人传递个人的学识与修养,并据此交流思想、表达感情。正如艺术家达·芬奇所说:“从仪态了解人的内心世界,把握人的本来面目,往往具有相当的准确性和可靠性。”

二、仪态标准

一个人的站、坐、走的姿态和面部的表情、说话的声音、手势的运用等,是构成仪态的基本要素。

优美的仪态必然要求站姿挺拔,优美典雅;坐姿娴雅,端正稳重;走姿稳健,轻松自然;目光热情诚恳,微笑善良友好;说话发音清晰,用词准确,语速、语调、语气得当;手势运用得体,规范适度。只有这样,才能体现出人的彬彬有礼、温文尔雅和从容不迫的气质风度。

第二节　汽车服务人员仪态规范

汽车服务人员的仪态应当包括站姿、坐姿、行姿、蹲姿、鞠躬、握手等,这些仪态在工作中如果把握到位,运用得体,就会使客户获得尊贵的感觉。汽车服务人员只有了解仪态的基本要求,掌握仪态礼仪规范,才能促进服务工作的开展。

汽车营销人员的站、坐、行、蹲等每种基本姿态都有规范的做法和要求,汽车营销人员应该努力遵守职业仪态要求和规范,展现良好的职业形象和素养。

一、站姿

站姿即站相。它是人们平时经常采用的一种静态的造词,又是其他各种静态或动态身体造型的基础和起点。在人际交往中,站姿是一个人全部仪态的核心。“站有站相”是对一个人礼仪修养的基本要求,良好的站姿能衬托出美好的气质和风度。如果站姿不够标准,其他姿势就谈不上优美。

汽车服务人员的站姿要求抬头,目视前方,挺胸直腰,肩平,双臂自然下垂,收腹,双脚并拢直立,脚尖呈 V 字形,身体重心放到两脚中间。也可两脚分开,比肩略宽,双手合起,放在腹前或背后。开晨会时,男服务顾问应两脚分开,比肩略宽,双手合起放在背后;女服务顾问应双脚并拢,脚尖分呈 V 字形,双手合起放于腹前。站姿基本要求是端正、自然亲切的稳重。

站姿的基本要求是立如松,即端立、身直、肩平、正视等,规范的站姿是:

(1)头正:头部正,头顶要平,身体的中心要平衡。

(2)平视:目视前方。

(3)微笑:心情愉快,精神饱满,充满活力,给人以感染力。

(4)颈直:脖颈挺直,下颏微收。

(5)肩平:微微放松,稍向后下沉。

(6)臂垂:两肩平整,两肩自然下垂,中指对准裤缝。

(7)挺胸:挺胸收腹,臀向内、向上收紧。

(8)收腹:微微收紧腹部,但要呼吸自然。

(9)立腰:腰杆挺直,腰后部有紧张感。

(10)提臀:臀部肌肉向内、向上收紧,重心有向上升的感觉。

(11)并膝:膝盖并拢,不留缝隙。

(12)并脚:脚跟并拢,脚尖呈 V 字形,大致成 15°左右。

1. 服务人员站姿种类及要领

1)男士站姿(图 2-1)

(1)男士站姿的两种脚步。

①标准步:双脚并拢脚尖自然张开,两脚之间的夹角不超过 15°。

②跨立步:双脚平行不超过肩宽,以 20cm 为宜。

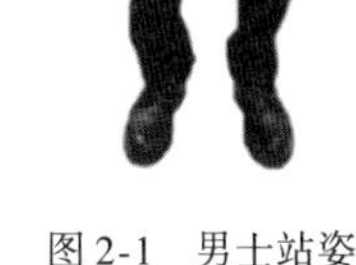

图 2-1　男士站姿

(2)男士站姿要领。

①正位站姿:双腿并拢,双手放在身体两侧,手的中指贴于裤缝。

②前腹式站姿:左手放在腹前握住右手手腕或右手放在腹前握住左手手腕。

③后背式站姿:双手在背后腰际相握,左手握住右手手腕或右手握住左手手腕。

2)女士站姿(图 2-2)

(1)女士站姿的两种脚步。

①小八字步:双脚跟并拢,脚尖分开约 30°。

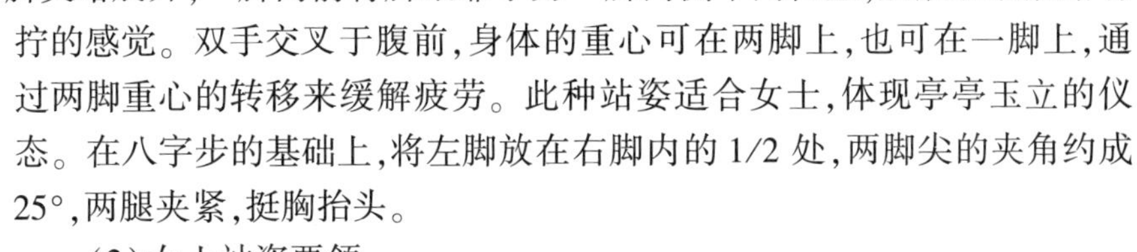

②丁字步:两脚尖略展开,一脚向前将脚跟靠于另一脚内侧中间位置,腰肌和颈肌略有拧的感觉。双手交叉于腹前,身体的重心可在两脚上,也可在一脚上,通过两脚重心的转移来缓解疲劳。此种站姿适合女士,体现亭亭玉立的仪态。在八字步的基础上,将左脚放在右脚内的 1/2 处,两脚尖的夹角约成 25°,两腿夹紧,挺胸抬头。

(2)女士站姿要领。

①前腹式站姿:双手虎口相交叠放于身前。手指伸直但不要外翘。

②腰际式站姿:双手握放在腰际,手指可以自然弯曲。

2. 各类汽车品牌对其营销人员的站姿要求

各类汽车品牌对其营销人员的站姿均有严格要求,但万变不离其宗。

(1)一汽奥迪轿车对其男性营销人员的站姿要求是:挺胸收腹、平视前方,头正颈直,重心放在两脚之间,左手握住右手腕、自然放于小腹前。对其女性营销人员的站姿要求是:面带微笑,目视前方,挺胸收腹,双脚呈 V 形或 Y 形站立,重心在前脚掌上,右手手指并拢与左手虎口相对而握自然放于小腹处(图 2-3)。

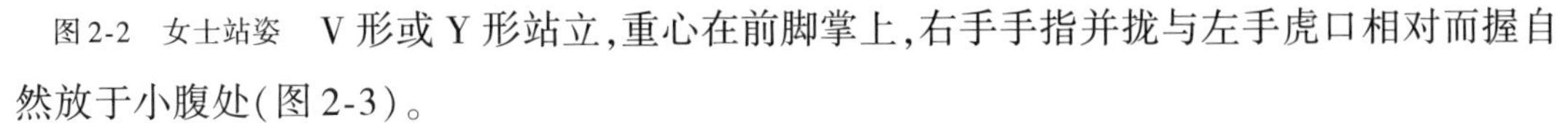

图 2-2　女士站姿

(2)广汽本田轿车对其营销人员的站姿要求是:抬头挺胸、收腹直腰、双肩舒展、体现出

图 2-3　一汽奥迪轿车营销人员站姿规范

自信自然从容的精神面貌。男士双手交握放在肚脐周围,脚后跟靠拢,脚尖微张。女士左手压在右手上面,放在肚脐周围,手指伸直,两脚错开,右脚后跟向左脚后方靠拢,如图 2-4、图 2-5 所示。

3. 站姿注意事项

(1)不要将手插在衣袋里或双手叉腰或交叉在胸前。

(2)不要两脚分开太大或交叉两腿而站。

(3)不可以双手抱在胸前,给人拒人千里、傲慢的感觉。

(4)站立时,不要无精打采或东倒西歪。

(5)不要弯腰驼背,两肩一高一低。

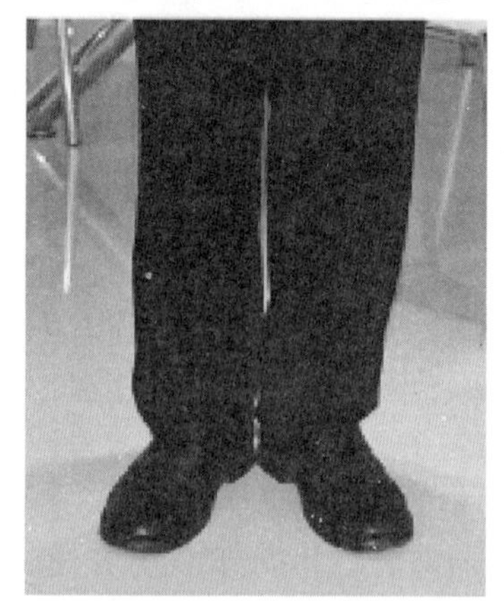

图 2-4　广汽本田轿车男营销人员站姿规范

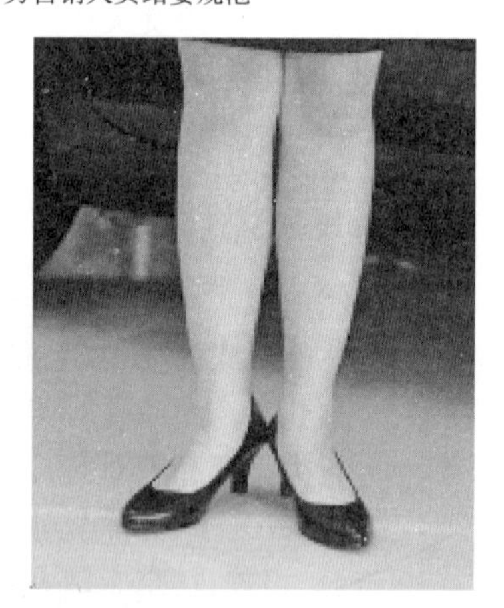

图 2-5　广汽本田轿车女营销人员站姿规范

(6)不要把其他物品作为支撑点,依物站立(如交叉两腿斜靠在墙壁)。

(7)站立时不要腿不停地抖动。

(8)不要与别人勾肩搭背地站着。

4. 不同站姿的含义

(1)站姿不正、身体歪斜,说明此人紧张,或者酝酿点子。

(2)双臂交叉在胸前站立,说明此人对对方不信任或者不满意,或者对对方的话很反感。这是个习惯性的保护动作。站立时喜欢倚靠东西,如桌子、墙壁什么的,说明此人自信心不够,这样的人行为处事比较保守。

(3)喜欢侧身对人,说明此人有逃避现实的心理。如果从侧面看上去垂头、屈膝、弓背、驼腰,说明此人处于沮丧的松弛状态。

(4)挺胸直背、身体后仰、双腿绷直而立,说明此人不屈于现状,有雄心壮志。

5. 站姿训练

(1)靠墙训练。面带微笑,背贴墙壁,面朝前,双目平视,后脑、双肩、臀部、小腿肚、脚后跟紧贴墙壁,身体上下呈“五点一线”,感觉处于一个平面,站立20min。

(2)顶物平衡训练。在头顶放置书本,要求上身和颈部挺直,收下颏,站立10min,此方法可以纠正低头、仰脸、头歪、头晃动及左顾右盼的毛病。

(3)芭蕾舞手位动作训练。这可以提高学生眼、手与身体各部位的协调性,增加身体的柔韧性。

(4)商务站姿训练。主要进行分腿站姿和丁字步站姿训练,纠正学生手位和脚位的错误和不足。

二、坐姿

“坐如其人”,要求坐如钟,即身正、文雅。一个人的坐姿是其素养和个性的显现。得体的坐姿可以塑造良好的个人和企业形象,而错误的坐姿则会给人一种粗俗、没有教养的印象。坐姿的风度要求稳重、端庄,体现对他人的尊重。优雅的坐姿呈现端庄美。女士坐姿要遵循一个原则,就是要使膝盖和脚尖的距离尽量拉远,小腿部分看起来显得更修长。所以,汽车服务人员注重坐姿的培养,养成良好的习惯,对于企业和个人都是至关重要的。

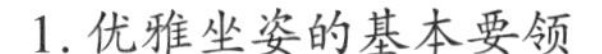

1. 优雅坐姿的基本要领

(1)入座姿态。上体可微微欠身后落座,但不宜低头、弯腰、含胸。尽量轻、稳、缓,不出异响。有桌时,须左进左出。无桌时,可走到座位前内转身落座。

(2)坐定后姿态。座位不宜全坐满,坐满椅子的1/2或2/3为宜。男士双膝可打开,脚跟、脚尖平行朝前,双手可自然分放在双膝;女士并拢膝盖,正向或斜向一侧,两脚平行相靠、双手环扣相握放于双腿1/2处。

(3)离座姿态。先上体微微欠身离座,但不低头、弯腰、含胸,后收一小步离开座位。

2. 营销人员坐姿种类

1)男士坐姿(图2-6)

图2-6　男士坐姿

汽车服务人员男士坐姿要求轻轻入座,至少坐满椅子的2/3,男士身体重心垂直向下,双腿分开与肩同宽,手自然放在腿上,大腿与小腿成90°夹角,表现出服务顾问的练达与自信。与客户对坐交谈时,身体稍向前倾,表示尊重和谦虚。不要把小腿交叉蜷缩在椅子下，这样会显得腿短且姿态窝囊。上身正直上挺，双肩正平，两手放在两腿或扶手上，双膝并拢，小腿垂直落于地面，两脚自然分开成45°夹角。

2）女士坐姿

汽车服务人员女士坐姿要求轻轻入座，至少坐满椅子的2/3，落座的时候应从座位左侧入座先退半步，用一只手整理裙子，然后缓缓坐下，膝盖并拢，动作轻盈协调。女士坐下后不要分开双腿，且不能露出大腿，因为这不仅是4S店对服务顾问的要求，也体现着女性自身的修养。

除上述要求外，还要注意坐下后腰背挺直，双手自然相叠放在一条腿上或者双手放在桌子上，为客户进行必要的讲解。

女士坐姿种类包括正位坐姿、双腿斜放式坐姿、双腿交叉式坐姿、前伸后屈式坐姿和架腿式坐姿。

（1）正位坐姿（图2-7）。正位坐姿要求身体垂直向下，两腿并拢，大腿和小腿成90°夹角，双手虎口相交轻握放在左腿上，挺胸直腰，面带笑容。

（2）双腿斜放式坐姿（图2-8）。双腿斜放式坐姿要求身体重心垂直向下，两腿并拢，大腿和小腿成90°夹角，平行斜放于一侧，双手虎口相交轻握放在左腿上。如果双腿斜放于左侧，手就可以放在右腿上；如果双腿斜放在右侧，手就可以放在左腿上，挺胸直腰，面带笑容。

（3）双腿交叉式坐姿（图2-9）。双腿斜放式坐姿要求身体重心垂直向下，两腿并拢，大腿和小腿成90°夹角，平行斜放于一侧，双脚在脚踝处交叉，双手虎口相交轻握放在左腿上。如果双腿斜放于左侧，手就可以放在右腿上；如果双腿斜放在右侧，手就可以放在左腿上，挺胸直腰，面带笑容。

图2-7　正位坐姿

图2-8　双腿斜放式坐姿

图2-9　双腿交叉式坐姿

（4）前伸后屈式坐姿（图2-10）。前伸后屈式坐姿要求身体重心垂直向下，双膝并拢，左脚前伸右脚后屈或右脚前伸左脚后屈，双手虎口相交轻握放在左腿上。更换脚位时，手可以不必更换，挺胸直腰，面带笑容。

(5)架腿式坐姿(图2-11)。架腿式坐姿要求将双腿完全一上一下交叠，双腿之间没有任何缝隙，犹如一条直线。双腿斜放于左右一侧，叠放在上的脚的脚尖垂向地面。这种坐姿极为优雅，尤其适合穿短裙子时采用。

图2-10　前伸后屈式坐姿

图2-11　架腿式坐姿

3. 各类汽车品牌对其营销人员的坐姿要求

1)一汽奥迪轿车营销人员坐姿要求

一汽奥迪轿车对其男性营销人员的坐姿要求为：头部端正，面带微笑，双目平视，腰背挺直，双膝分开与肩同宽，坐满椅子的2/3。女性营销人员的坐姿要求为：头部端正，面带微笑，双目平视，腰背挺直，坐下时双膝并拢，坐满椅子的2/3，如图2-12、图2-13所示。

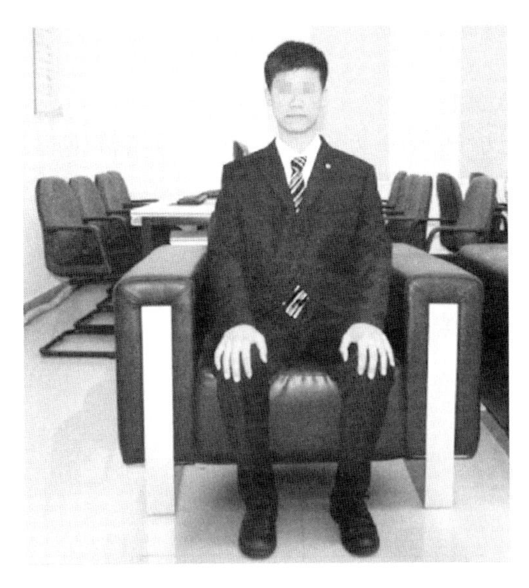

图2-12　一汽奥迪轿车营销人员坐姿(一)

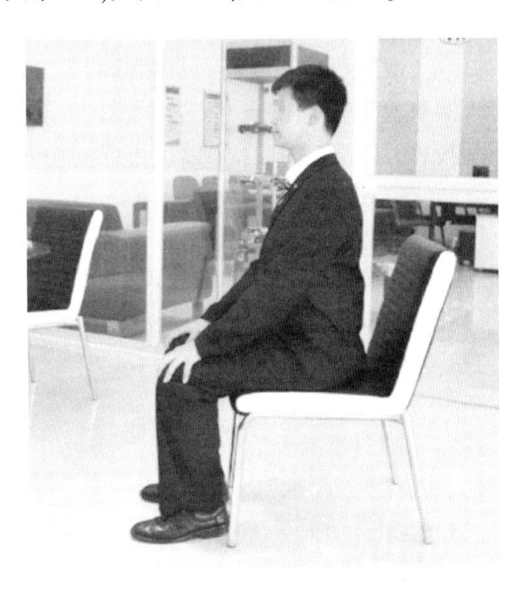

图2-13　一汽奥迪轿车营销人员坐姿(二)

2）广汽本田轿车营销人员坐姿要求

广汽本田轿车对其营销人员坐姿的要求：男性入座要轻，至少坐满椅子的2/3，切忌躺在椅中，上身端正，稍微向前倾，头平正，双肩放松，双膝可以略微分开，但不宜超过肩宽。女性注意双膝靠紧，脚跟略往后缩，自然靠齐，双腿可偏向一侧，坐在椅子上同左边或右边的客人说话时，可侧坐，并将面部朝向客人，如图2-14、图2-15所示。

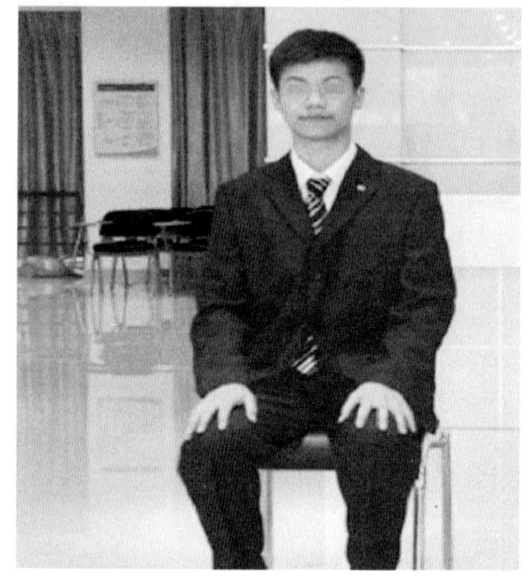

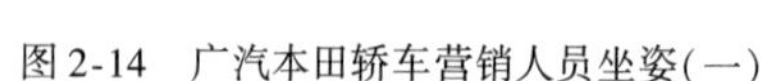
图2-14　广汽本田轿车营销人员坐姿（一）

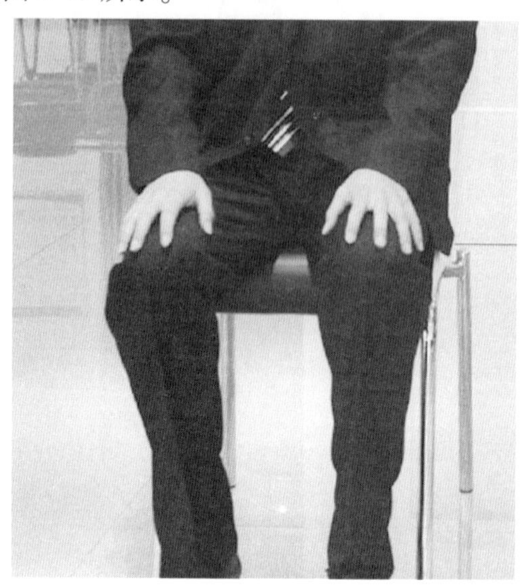

图2-15　广汽本田轿车营销人员坐姿（二）

4.入座、离座时的姿态规范

坐姿可分为入座、坐、离座三个细节，汽车服务人员在服务过程中应掌握以下规范：

（1）入座尽量轻缓。汽车服务人员带客户到休息区入座时，要尽量轻缓，避免座椅乱响，噪声扰人。

（2）坐立自然。如因坐立时间长而感到有所疲劳时，可以变换腿部姿势，即在标准坐姿的基础上，双腿可向左或向右自然倾斜。

（3）离座有序、有礼。离座时要让身份高者先离座、客户先离座，身份等同可同时离座。离座时，身旁若客户在座，须以语言或动作向其先示意，随后方可站起身来。起身离座时，最好动作轻缓，无声无息。

离开座椅后，要起身轻稳，要先站定，方可离去。不能猛起猛出，发出声响。而匆忙离去或跌跌撞撞，则是举止轻浮的表现。

离座的礼节同入座一样，坚持“左入右出”，礼貌如一。右脚向后收半步，然后起立后右脚与左脚并齐，再从容移步。

5.不雅的坐姿

（1）双腿过度叉开。

（2）高架“二郎腿”。

（3）脚腿抖动摇晃。

（4）左顾右盼，摇头欢闹。

（5）上身前倾后仰或弯腰曲背。

(6)双手端臂、抱脑后、抱膝盖、抱小腿、放于臀部下面。

(7)双腿长长前伸或脚尖指向他人。

(8)双手支撑椅子。

(9)跷脚又摸脚。

(10)坐下后随意挪动椅子。

6. 坐姿训练

1)入座和离座的训练

走到座位前,缓慢转身后,从座位左侧入座,入座要求轻而稳。女士着裙装要先轻拢裙摆,而后入座。离座时也要缓慢而文雅,轻松而自然,右脚向后收半步,然后起立。离开时向前走一步,自然转身退出房间。

训练步骤:走到座位前、转身背对座位、右脚向后退半步、拢平裙摆、轻轻坐下(座椅面的1/2~2/3)、手放膝上、右脚向后收半步、起立、保持挺拔站姿。

2)坐定训练

每次坚持练20min,配上舒缓的音乐,每4min换一次坐姿,建议顺序如下:

(1)女生:正坐式、开关式、左侧式、右侧式、侧身重叠式。

(2)男生:正坐式、前伸式、后点式、开关式、正身重叠式。

3)常见错误

(1)抖腿。

(2)鞋跟晃动。

(3)靠背。

(4)前俯后仰。

(5)脚搭在椅子、沙发、茶几上。

(6)脚尖相对。

(7)脚伸得太远。

(8)坐下或起立时动作过于迅猛或用双手撑着腿站起。

提示

在求职场合,要等待主考官对你说"请坐"后再落座,一坐定乾坤,这是基本的礼貌。还要注意其他的坐姿语言:

(1)谈话时,身体向椅背靠,双脚往前伸的坐姿,说明此人对目前的话题不感兴趣。

(2)跨骑椅子,说明此人心生反烦,唯我独尊。

(3)身体坐直,跷起二郎腿,说明此人是尊者,晚辈如此则是放肆无礼的表现。

(4)身体笔直,双手紧握扶手,说明此人正在压抑自己,不让情绪流露。

(5)身体前倾,双腿分开,双手放在膝盖上,说明此人急切希望结束谈话。

(6)身体后倾,双手握扶手,双脚不断抖动,说明此人对谈话很不耐烦。

三、行姿

行姿是人体所呈现出的一种动态,是站姿的延续。行姿是展现人的动态美的重要形式。无论是在日常生活还是工作岗位上,走路都是肢体语言,其往往能表现一个人的风度和修养。人们走路的样子千姿百态,各不相同,给人的感觉也有很大的差别。有的步伐矫健、端正、自然、大方,给人以沉着、庄重、斯文的感觉;有的步伐雄壮,给人以英武、勇敢、无畏的印象;有的步伐轻盈、敏捷,行走如风,给人以轻巧、欢悦、柔和之感。

有风度的走姿是"行如风",即行走如同吹拂的风,洒脱飘逸。男士步伐要刚健有力,豪迈稳健,凸显男性的阳刚之气,风骨之美;女士步伐要轻盈自如,含蓄飘逸,好似舒缓流畅的"小夜曲",柔美恬静,具有女性的阴柔之气,窈窕之美。

1. 行姿基本要求

(1)头正。双目平视,收颌,表情自然平和。

(2)肩平。两肩平稳,防止上下前后摇摆。双臂前后自然摆动,前后摆幅在30°~40°,两手自然弯曲,在摆动中离开双腿不超过一拳的距离。

(3)躯挺。上身挺直,收腹立腰,重心稍前倾。

(4)步位直。两脚尖略开,脚跟先着地,两脚内侧落地。走出的轨迹要在一条直线上。

(5)步幅适度。行走中两脚落地的距离大约为一个脚长,即前脚的脚跟距后脚的脚尖相距一个脚的长度为宜。不过不同的性别,不同的身高,不同的着装,都会有些差异。

(6)步速平稳。行进的速度应保持均匀、平衡,不要忽快忽慢。在正常情况下,步速应自然舒缓,显得成熟、自信。

(7)警惕不良姿态。行走时要防止八字步,低头驼背。不要摇晃肩膀,双臂大甩手,不要扭腰摆臀,左顾右盼。脚不要擦地面。

汽车服务人员在工作岗位行走的基本要求是:行走时目光平视,身子立直,头正颈直,面朝前方,挺胸收腹。两臂自然下垂,前后自然摆动,前摆幅度约35°,后摆幅度约45°。身体平稳,使全身看起来像一条直线。起步要前倾,重心在前,落在前移的那只脚掌上。当前脚落地,后脚离地时,膝盖一定要伸直,踏下时再稍微松弛。

图2-16　男士行姿

2. 行姿的要领

1)男士行姿(图2-16)

(1)方向明确。

(2)身体协调,面带微笑,姿态稳健。

(3)步伐从容,步态平稳,步幅适中,步速均匀,走成直线。

(4)双臂自然摆动,挺胸抬头,目视前方。

(5)汽车服务人员男性步伐矫健、稳重、刚毅,展现出阳刚之美。

2)女士行姿(图2-17)

(1)方向明确。

(2)身体协调,面带微笑,姿态优美。

(3)步伐从容,步态平稳,步幅适中,步速均匀,走成直线。

(4)双臂自然摆动,挺胸抬头,目视前方,步履要轻盈。

(5)汽车服务人员穿高跟鞋后,脚跟提高了,身体重心自然前移,为了保持身体平衡,髋关节、膝关节、踝关节要绷直,胸部自然挺起,而且收腹、提臀、直腰,使走姿更显挺拔,平添魅力。

3. 行走的原则

汽车服务人员要明确与客户同行时,以前为尊,以右侧为大,即服务人员应将前或右让给客户;如果是三人同行则中间为尊,服务人员应在左侧指引前行;多人同行则以前为大,依前后秩序,越来越小,服务人员应在左侧指引前行;接近门口,服务人员应当紧走几步,超前为客户开门后,让女客户先行、男客户次之。

4. 各类汽车品牌对其营销人员的行姿要求

(1)一汽奥迪轿车对其营销人员的行姿要求是:面带微笑,目视前方,步伐从容,步态平稳,步幅适中,步速均匀(图 2-18)。

图 2-17　女士行姿

(2)广汽本田轿车对其营销人员的行姿要求是:挺直脊背、身体重心稍前倾,抬头挺胸收腹,从腰部向前行进,双手掌心向内,在身体两侧自然摆动,迈步时脚后跟先触地,脚步自然,步伐沉稳且面带微笑,若遇到急事,可加快步频,但不要奔跑,如图 2-19 所示。

图 2-18　一汽奥迪轿车营销人员的行姿

图 2-19　广汽本田轿车营销人员的行姿

5. 行姿切忌事项

(1)摇头耸肩,左右摇摆。

(2)弯腰弓背,步履蹒跚。

(3)手插衣兜,叉腰行走。

(4)脚蹭地面,发出声响。

(5)步幅过大,大甩手臂。

(6)边走边打手机。

6. 走姿训练

(1)直线行走训练。在地面上画出一条直线,行走时仅脚内侧稍稍碰到所画直线,抬头挺胸,收腹,双目平视,面带微笑,充满自信和轻松。

(2)顶书行走训练。头顶放置一本书进行行走训练,走时要头正、颈直。此训练可纠正行走时低头看脚、摇头晃脑、东张西望、脖颈不直、弯腰弓背的毛病。

(3)掐腰训练。双手掐腰,上身挺直,训练行走,可以纠正行走时摆胯、撅臀、扭腰等动作。

(4)原地摆臂训练。站立,两脚不动,原地晃动双臂,前后自然摆动,手腕进行配合:掌心要朝内,以肩带臂,以臂带腕,以腕带手。可以纠正双手横摆、同向摆动、单臂摆动或双手摆幅不等的走姿。

(5)不同着装的行走训练。

①着西装:注意保持身体挺拔、后背平整,站立时两腿并拢或两腿间不超过肩宽,行走步幅可大些,手臂要放松,自然摆动,面带微笑。男士不晃肩,女士髋部不要左右摆动,运用手势时要简洁明了,自然大方。

②着裙装:穿着裙摆在膝盖以上的短裙,行走时快捷、活泼,透出洒脱,行走速度可略快些,但步幅不宜过大。

③穿运动服:脚跟先着地,用力要均匀、适度,保持身体重心平稳。

(6)常见错误。

①内八字、外八字行走。

②前倾走姿,头部先伸出去而腰臀部在后。

③弯腰驼背,身体松垮,摇头晃脑,无精打采。

④步幅过大。

⑤步速过快。

⑥膝盖弯曲。

⑦行走线路不成直线。

⑧晃肩或髓部左右摆动。

7. 不同的走姿语言

(1)步履坚实、节奏感强、步伐频率快、摆臂自然,说明此人性格坚强、踌躇满志,具有很强的事业心。

(2)步履坚实、节奏感强、步伐频率慢,说明此人老谋深算,城府颇深。

(3)双手插口袋走路,说明此人玩世不恭,爱挑剔,心怀秘密。

(4)双手紧紧相握,背手垂头行走,说明此人心事重重。

(5)昂首挺胸,脸向右上方倾斜,脚步夸张,说明此人傲慢不可一世。

四、蹲姿

蹲姿是人的身体在低处取物时所呈现的姿势,它是人体静态美和动态美的结合,强调美观,优雅。

1. 蹲姿的基本要领

含蓄蹲姿三部曲:直腰下蹲、弯腰拾物、直腰站起。

直腰下蹲首先要讲究方位,需要拾捡低处物品,可走到物品一侧;面对他人下蹲,要侧身相向;需要整理鞋袜可面朝前方,两脚一前一后,目视物品,直腰下蹲。取物或工作完毕后,先直起腰部在一条直线上,再稳稳站起。女士下蹲时,注意要拢裙,夏天穿领口低的衣服,另一手要护胸。要注意直起直蹲,动作不宜过快。

2. 蹲姿种类

1)高低式(图2-20,图2-21)

下蹲时,应左脚在前,右脚靠后。左脚完全着地,右脚脚跟提起,右膝低于左膝,右腿左侧可靠于左小腿内侧,形成左膝高右膝低姿势,臀部向下,上身微前倾,基本上用左腿支撑身体。双膝一高一低。下蹲后,左脚在前,右脚在后;左脚完全着地,小腿基本垂直地面;右脚要脚掌着地,脚跟提起;右膝低于左膝;臀部向下,基本上以右腿支撑身体。女士要注意靠紧双腿,男士两腿之间可有适当距离。采用此式时,女性应并紧双腿,男性则可适度分开。若捡拾身体左侧的东西,则姿势相反。这种双膝以上的蹲姿在造型上也是优美的。

图2-20　男士高低式蹲姿

图2-21　女士高低式蹲姿

2)交叉式

交叉式蹲姿主要适用于女性(图2-22)。左腿在上,右腿在下,两者交叉重叠,右膝从后下方伸向左前侧,右脚跟抬起,脚掌着地,两腿前后靠近,合力支撑身体。上身略向前倾,臀部朝下。这种姿势适合穿裙装的女士。它虽然造型优美但动作难度大。这种蹲姿要求在下蹲时,右脚在前,左脚居后;右小腿垂直于地面,全脚着地。右腿在上、左腿在下交叉重叠。左膝从后下方伸向右侧,左脚跟抬起脚尖着地。两脚前后靠紧,合力支撑身体。

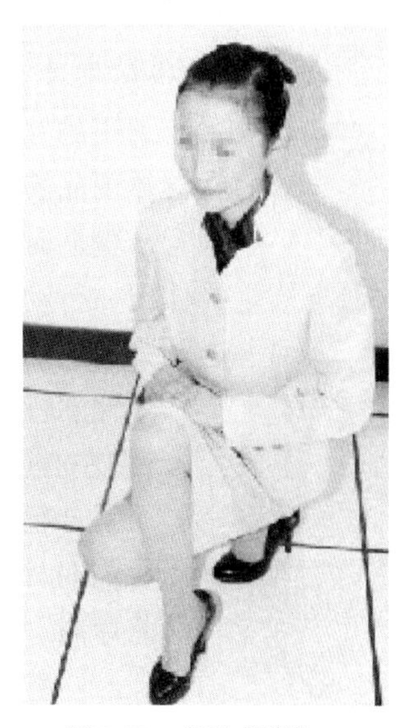

图2-22　交叉式蹲姿

3)单膝点地式蹲姿

双腿一蹲一跪。下蹲后,右膝点地,臀部坐在脚跟之上,以脚尖着地。另一条腿全脚掌着地,小腿垂直于地面。双膝同时向外,双腿尽力靠拢。这种姿势常用于男士。

3. 蹲姿须注意的问题

汽车服务人员采用蹲姿讲解服务时不要上体晃动。上体要保持直立,不能将上体前倾于前腿上,如果长时间的蹲姿产生疲劳可以更换脚位,做适当的调整。女士尤其是穿套裙需要采用蹲姿时,一定要注意将双腿尽量靠紧,下蹲时要用手轻轻整理好裙子,蹲下时动作要轻缓一些,动作过急、过快,都会给客户留下一个粗鲁的印象。

此外,汽车服务人员需要进入车内时,一定要先侧身坐于车座上,而后将双腿同时挪入车门内,再将身体姿态调整好,保持优雅的姿态;下车时也应将双腿先行移出,再侧身出来。

常见错误包括:弯腰撅臀;平行下蹲(臀部和地面平行);蹲着休息等。

4. 一汽奥迪轿车营销人员的蹲姿要求

一汽奥迪轿车对其营销人员的蹲姿要求是:男士双脚前后,半步蹲下,双膝分开,一高一低,上体挺立,女士保持与客户适中的距离,上身挺直,双膝并拢,两腿一高一低,侧对客户时靠紧客户一侧的腿为高腿位,如图 2-23、图 2-24 所示。

图 2-23　一汽奥迪轿车营销人员的蹲姿(一)

图 2-24　一汽奥迪轿车营销人员的蹲姿(二)

五、鞠躬

鞠躬的意思是弯身行礼,表示对他人恭敬和郑重的礼节。鞠躬礼是汽车服务人员在 4S 店常用的礼节,表示对来店的客户的欢迎和敬意。汽车服务人员得体的鞠躬能够体现品牌意识、展现服务人员的职业素养。

图 2-25　鞠躬

鞠躬时要求服务人员应从心底里发出向对方表示感谢和尊重的意念,从而体现在行动上,给客户留下诚恳、真实的印象。

鞠躬的动作要领(图 2-25)如下。

鞠躬行礼时要面对客户,双脚并拢,视线由客户的脸上落至自己的脚前 1.5m 左右(15°礼)或脚前 1m 处(30°礼)。男士双手自然放在身体的两侧,女士双手合起自然放在体前。

鞠躬时腰部挺直、脚跟靠拢、双脚尖处微微分开,以髋关节为轴,上身缓缓向前弯曲。

1. 鞠躬的种类与话术

鞠躬的种类包括 15°鞠躬、30°鞠躬、25°鞠躬和 90°鞠躬。

(1)15°鞠躬。一般适用于客户来店时,或者是为客户去取相关资料时使用。15°鞠躬时汽车服务人员的话术是“您好”或“请您稍等”。

(2)30°鞠躬。30°鞠躬时汽车服务人员的话术是“欢迎再次光临”“谢谢您”“请您慢走”。

(3)25°鞠躬。一般适用于客户维修后,服务人员提供交车服务时使用。行25°鞠躬礼时汽车服务人员的话术是“很感谢您”;或者是客户不满意服务、产品质量时使用25°鞠躬,话术是“对不起”“非常抱歉”。

(4)90°鞠躬。一般适用于老客户再次来店时使用。行90°鞠躬时表示对客户更深刻的谢意,汽车服务人员的话术是“十分感谢您”;或者是客户不满意产品质量和来店投诉的时候,使用90°鞠躬,话术是“为给您带来的不便深表歉意”。

2. 鞠躬礼需要注意的问题

汽车服务人员在鞠躬行礼时首先要根据情况选择鞠躬的形式,其次,鞠躬时还需要注意眼睛往下看,不要一直注视对方。行礼起来后,注意对方2s之后要转移眼神,不要一直盯着客户,这样既不礼貌,也会使客户不知所措。同时,也要避免鞠躬时不看客户的情况,这样给客户的是敷衍了事的感觉。鞠躬时要脱帽,戴帽子鞠躬是不礼貌的;鞠躬时嘴里不能吃东西或叼香烟;倒背双手的鞠躬,会给客户留下不够专业的印象。

六、握手

相传在刀耕火种的年代,人们经常持有石头或棍棒等武器,陌生者相遇,双方为了表示没有敌意,便放下手中的武器,并伸出手掌,让对方抚摩掌心。久而久之,这种习惯便逐渐演变为今日的握手礼。握手已成为世界上最为普遍的一种礼节,其应用的范围远远超过了鞠躬、拥抱、接吻等。

见面礼节有很多,“握手”可能是当今世界最通行的见面礼节,最早起源于欧洲,随着欧洲文化的快速发展和繁荣,握手这一礼仪形式在世界范围内广为流传,并逐渐为各国接受,成为一种国际化的礼节形式。

【案例2-1】　一个新时代的开始。

在1954年日内瓦会议期间,美国代表企图无视中国代表。美国团长杜勒斯命令美国代表团成员不许同中国的代表团成员握手。当周恩来总理在休息室等候进入会场时,杜勒斯并不知道都有哪些人在休息室,推门而入。周恩来总理见杜勒斯进来了,准备走向前去同他握手,他一见到周恩来总理,马上转头便跑。

1972年2月21日,美国总统尼克松访华,在飞机上他对工作人员说了6次,要他们在飞机到达时不要紧跟着他出舱门,要让美国总统独自与周恩来总理握手,以弥补当年杜勒斯的失礼之误。尼克松乘坐的“空军一号”在北京着陆以后,他和夫人走下舷梯。这时,周恩来总理正在寒风中等着他们。尼克松在回忆录中写道:“我知道,1954年在日内瓦会议时福斯特·杜勒斯拒绝同周恩来总理握手,因此,我走完舷梯时决定一边伸出我的手,一边向他走去。我们的手相握时,一个时代结束了,另一个时代开始了。”

上述案例中我们可以看出，握手不仅是一种通行的礼节，在某些特定场合，可以表达出不同的意义。所以，掌握握手的礼仪是非常重要的。

现在握手礼多用于见面致意、问候、祝贺、感谢、鼓励、告别的礼节。从握手中往往可以了解一个人的情绪和意向，还可以推断一个人的态度和感情，有时握手比语言更充满情感。

1. 握手的要领（图 2-26）

图 2-26　握手

握手时伸出右手，手掌与地面垂直，五指并拢，稍用力握住对方的手掌，持续 3 ~6s，身体稍前倾，双目注视对方，面带微笑。服务人员与客户初次见面一般握手的时间在 3s 以内。

握手的力量、姿势和时间长短，往往能够表达客户的礼遇，显露出服务人员的个性和修养，对方也可以通过握手了解你的态度和个性，恰到好处的握手可以赢得交往。美国著名盲聋女作家海伦凯勒说过："我接触过的手，有的能拒人千里之外；也有些人的手充满阳光，你会感到很温暖……"。

握手分单手相握和双手相握两种。一般，双手相握适用于亲朋故友之间，表达深厚情谊，因而不太适用于初识者、异性和普通社交场合。

单手相握是以右手单手与他人相握，是任何场合都适用的握手方式。下文中的"握手"基本以单手相握为例。

（1）握手的姿势。握手的标准姿势为：伸出右手，四指并拢，拇指张开与对方虎口相对而握，上下微微晃动。在握手时，应注意以下几个方面。

①手位不同，有三种情况，如图 2-27 所示。

以上三种手位中，平等式手位是最普通也是最稳妥的一种手位，为多数场合普遍接受和采用。

顺从式手位显示了一个人的谦卑和恭敬，在面对年龄、地位、职务等明显高于自己的对象时，可以采用。

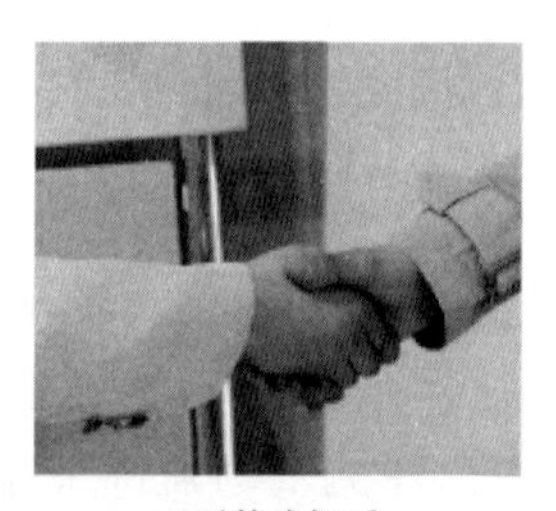

a)平等式握手

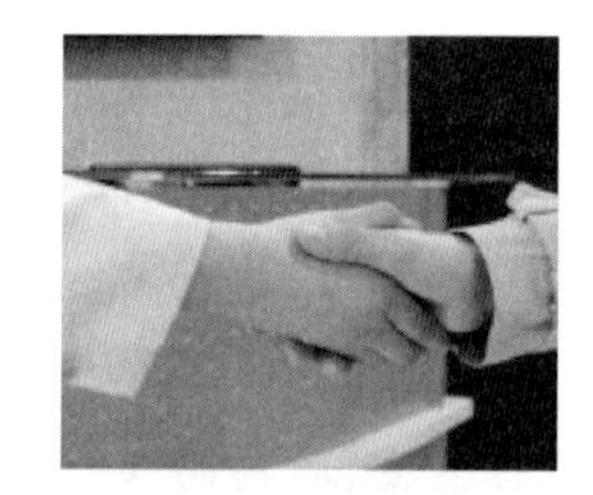

b)顺从式握手

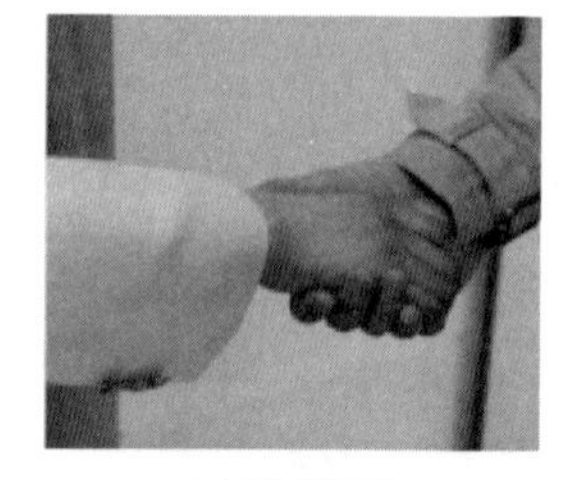

c)支配式握手

图 2-27　握手的手位

支配式手位显示了较强的支配欲，无声地告诉别人自己此刻处于高人一等的地位，因而在社交场合应尽量避免采用。

②站姿和距离：握手者行至距对方 1m 左右，可以握手。握手时双腿立正，上身略微前倾，以示对对方的尊重。

③神态：在与人握手时，神态应专注、热情、友好，面带微笑，目视对方，并配合恰当的语言。

（2）力度与时间。握手不要太用力，但漫不经心地用指尖"蜻蜓点水"式的握手也是无礼的，应轻重适度，一般时间控制在2～5s，以3s为最佳。

如果要表示自己的真诚和热烈，也可略微加长时间，但即使是老朋友相会，也不应超过20s。

2. 握手时机

得体的握手要把握好时机，好的时机比如汽车服务人员遇见认识的客户时，当客户来店或者离店时。有时在被相互介绍时也是握手的好时机。

握手是一种友好的体现，但应基于双方自愿的原则，不可强求。以下情况通常是比较好的握手时机：

(1)遇到久未见面的故知，可以用握手来表示重逢的欣喜。

(2)社交或工作场合，遇到老同学、上司等握手，以示高兴和问候。

(3)被介绍给不相识者时，可以用握手来表示乐意结识对方。

(4)应邀参加社交活动，应与主人握手，表示谢意。

(5)在比较正式的场合，迎接客人，可以握手以示欢迎。

(6)在比较正式的场合，与他人道别时，握手可以表示惜别和珍重之意。

(7)拜访他人辞行之时可以用握手来表示希望“再会”。

(8)他人向自己表示恭贺、颁奖时，可以握手表示感谢。

(9)向他人表示祝贺、恭喜时，可以握手以示诚意。

3. 握手顺序

握手要讲究一定的顺序，我们把这种顺序称为“尊者优先”，即尊者先伸手，以表示对后者的接纳。

(1)男女之间握手。男女之间握手时要等女士伸手有握手意愿时男士再伸手握手，这样能够充分地照顾到女士的感受，也能够体现对女士的尊重。

(2)主客之间握手。客户来店时，服务人员则充当主人的角色。汽车服务人员遇见认识的客户时，应当先于对方伸手表示欢迎；客户要离店时，则需要客户先伸手，服务人员再伸手握手。

在商务接待中，客人来访时，主人先伸手以示欢迎；客人告别时，客人先伸手，以示道别和谢意。如果客人刚起身要道别，主人立刻先伸手，会给客人留下催促其离开的印象。

(3)长幼之间握手。长幼之间握手时，汽车服务人员需要注意把握长者先伸手、年轻人再伸手的顺序，过程需要从容、稳健，不要过于唐突。

(4)上下级之间握手。上下级之间握手时，汽车服务人员需要注意把握上级先伸手、下级再伸手的顺序，不卑不亢，得体大方。

(5)老朋友相见，往往大家一起伸手，紧紧相握，以表喜悦。但是在商务、社交场合，先至者和后来者握手，先至者先伸手。

但是，握手的先后次序也不必处处苛求，如果自己是长辈、上级以及女士，遇到晚辈、下级和男士抢先伸手，最得体的就是立即伸出自己的手进行配合，不要置之不理，以免对方尴尬。

4. 握手的注意事项

正确的握手是一种无声地语言，在社交场合无往不利，但是仅仅知道什么是正确的握手方法，还是不够的。下面让我们了解一下握手的禁忌吧！

在与人握手时不可滥用双手，尤其是对初次见面的客户；握手时双眼要注视对方，不可以手向下压,不可用力过度,不可握手时间过长;还要注意与多人握手时,不可交叉握手。

人多时握手要遵守秩序,不要交叉握手。不要用左手与他人握手,尤其在阿拉伯地区、信奉伊斯兰教的地区和印度,他们认为左手是不洁的。不要戴着手套握手。在某些非常特殊的场合,女士带着薄纱手套与他人握手是被允许的。握手时左手不要插在裤兜里,不要抖动双腿,不要嚼口香糖或有其他不尊重对方的举动。

不要在握手时拉过来,推过去,或者左右上下晃个不停。

【案例 2-2】

在日内瓦会议期间,一位美国记者先是主动和周恩来总理握手,周恩来总理出于礼节没有拒绝,但没有想到这个记者刚握完手,忽然大声说:“我怎么跟中国的好战者握手呢? 真不该! 真不该!”然后拿出手帕不停地擦自己刚和周恩来总理握过的那只手,然后把手帕塞进裤兜。这时很多人在围观,看周恩来总理如何处理。周恩来总理略略皱了一下眉头,从自己的口袋里也拿出手帕,随意地在手上扫了几下,然后走到拐角处,把这块手帕扔进了痰盂。他说:“这个手帕再也洗不干净了!”

这个故事在中国外交史上流传颇广,不只是因为周恩来总理面对不利于自己国家的挑衅从容不迫、应对自如,同时也显示了周恩来总理良好的个人素养,向大家展示了大国领导人的礼仪风范。

不少女性在与男性握手时仅仅以指尖相触,这种做法曾经风靡一时,因为不少人认为女性就应该矜持一些。但是近些年来,越来越多的人认为只递给对方冰冷的指尖,是不礼貌的行为,所以女士们还是要注意。但同时,男士们要注意在与女士握手时要体现出尊重,不要过于主动,更不要一把抓住女士的手不放。一般情况下,男士与女士握手时应握到对方的指根部分。

七、手势

手势表现的含义非常丰富,表达的感情也非常微妙复杂。如招手致意、挥手告别、拍手称赞、拱手致谢、举手赞同、摆手拒绝、手抚是爱、手指是怒、手搂是亲、手捧是敬、手遮是羞,等等。手势的含义,或是发出信息,或是表示喜恶表达感情。能够恰当地运用手势表情达意,会为交际形象增辉。

手势是服务人员经常运用的肢体语言,所以,自然得体且优雅地运用手势,不仅能够很好地展现汽车品牌形象,同时规范适度的手势可以体现品牌文化,提升品牌价值。

汽车营销人员在工作中会经常性地使用到手势,如引导客户、向客户介绍产品、引领客户上下车等,虽然只是简单的动作,但也包含着礼仪的要求,因此应该加强学习和训练,提高动作的规范性。

1. 手势的运用原则

(1)简洁明确。手势应当易于被人看懂和接受,要服从内容表达的需要,服从对象、场合的需要,不要模仿,以免妨碍自己真实情感的流露。

(2)动作幅度适度。运动轨迹要柔和。一般来说,手势的活动范围大体有三个区域:肩部以上为上区,勇于表达思想、希望等积极肯定的思想情感;肩部至腰部为中区,多用于表示叙事和说明等比较平静的思想;腰部以下为下区,多用于表示消极否定的意思。手势动作幅度过大、过多会显得张扬浮躁,过小则显得猥琐暧昧。

(3)和谐统一。手势要与整个面部表情、语言和肢体和谐一致,避免下意识的动作。

2. 手势的种类

手势包括提臂式、前摆式、斜摆式、横摆式、回摆式、前伸式、鞠躬前伸式、直臂式、引导式和双臂伸展式。下面以右手为例进行说明。

1)提臂式

提臂式要求大臂基本不动,右侧小臂提起,做象征性方位指引,适用于在车内介绍产品时使用。话术为"您请看!"。

2)前摆式

前摆式要求五指并拢,手掌伸直,以肩关节为轴,手臂从身体一侧由下而上抬起,到腰的高度再由身前摆向右方,摆至距离身体15cm的位置,目视来店的客户,面带微笑。适用于来店的客户的迎接,话术为"您请!"。

3)斜摆式

当服务人员带领客户到会客区请客户入座时,右手摆向座位的地方,要求将右手先从身体的一侧抬起,摆到高于腰部位置后,再向右侧下座位的地方摆去,使大小臂成一条斜线,指尖指向椅子的具体位置,手指伸直并拢,手掌、手腕和小臂成一条直线,掌心略为倾斜。话术为"您请坐!"。

4)横摆式

横摆式要求五指并拢,手掌自然伸直,手心向上,肘部微弯曲,手掌、手腕和小臂成一条直线,右臂从腹前抬起,以肘为轴向一旁摆动到腰部,并与身体正面成25°时停止,头部和上体微向伸出的手一侧倾斜,左手自然下垂,面带微笑表示对客户的欢迎和尊重,适用于来店的客户的迎接,话术为"您请往右!"。

5)回摆式

回摆式动作同横摆式,但是方向不同,所以,小臂的运动轨迹为身体左侧胸前摆动。适用于来店的客户的迎接,话术为"您请往左!"。

6)前伸式

身体正直,伸出右手,掌心向上,大臂与小臂成90°夹角,小臂与手腕、手掌成一条直线。适用于与客户洽谈时使用,话术为"请您在这里签字!"。

7)鞠躬前伸式

鞠躬前伸式要求与前伸式基本相同,区别在身体前倾15°。适用于与客户洽谈签字时,高规格的肢体表达,话术为"请您在这里签字!"。

8)直臂式

直臂式要求五指并拢,手掌自然伸直,屈肘从身体前抬起,向指引的方向摆到肩的高度,肘关节基本伸直。多在指引时使用,话术为"您这边请!"。

9)引导式

引导式要求五指并拢,手掌自然伸直,手心微斜25°,肘关节自然弯曲,服务人员站在被引导者的左侧。

引导时态度要诚恳、恭敬、有礼貌。应用右手进行指引；五指自然并拢，掌心斜向上方，手背与地面呈45°，伸出手臂，指示正确方向。指示近距离目标时，以肘关节为轴指示方向，在同一平面上，与地面呈45°～60°；指示远距离目标时，右手臂完全展开，与地面平行；上体稍有前倾，面带微笑，在注视时兼顾对方是否会意。

引导者应走在客人之前两三步，配合客人的步调，让客人走在内侧。遇到交叉路口或转弯处，应用手指示方向，并且加上关切的语言“这边请”(图2-28)。

引导客人乘坐电梯时，如无专人开门，引导者应先进入电梯，等客人进入后关闭电梯门。到达时，引导者按住“开”的按钮，让客人先行，随后再跑步超前引路(图2-29)。

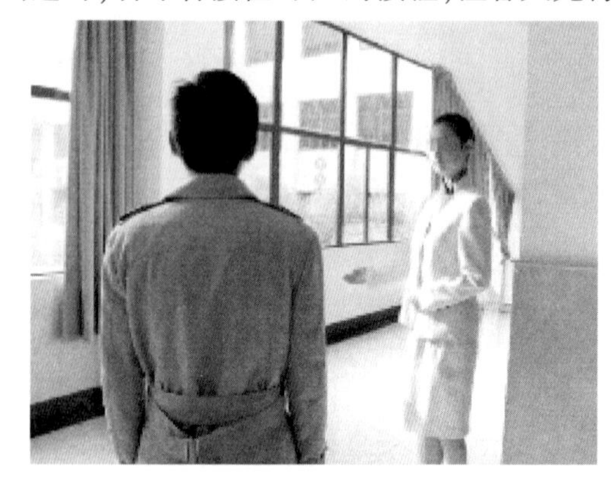

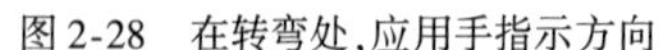
图2-28　在转弯处，应用手指示方向

图2-29　无专人把守的电梯，引导者先进后出

引导客人上楼时，应让客人走在前面，引导者在后面；若是下楼梯，应由引导者走在前面，客人在后面。上下楼梯时，引导者应该时刻注意客人的安全。

当客人来到会客室前，引导者应停住脚步，转身面向客人说：“这是会客室”，并开门引导客人进屋。如果是拉门(朝外开的门)，引导者应开门并按住门，等客人进入后再进入(图2-30)；如果是推门(朝内开的门)，引导者应先进入，把住推门，侧身请客人入内(图2-31)。

图2-30　打开拉门，先让客人

图2-31　把住推门，迎候客人进入

进入会客室后，引导者用手指示相应的座位，请客人坐下；看到客人坐下后，行点头礼，并面向客人后退三步，方可转身离开。

引导就座时，长沙发优于单人沙发，沙发椅优于普通椅子，较高的座椅优于较低的座椅，距离门远的、靠近窗户的位子为上座，"以右为尊"——第一尊贵客人坐在第一主人的右边，如图2-32所示（座次由低到高排序，1为最尊者）。

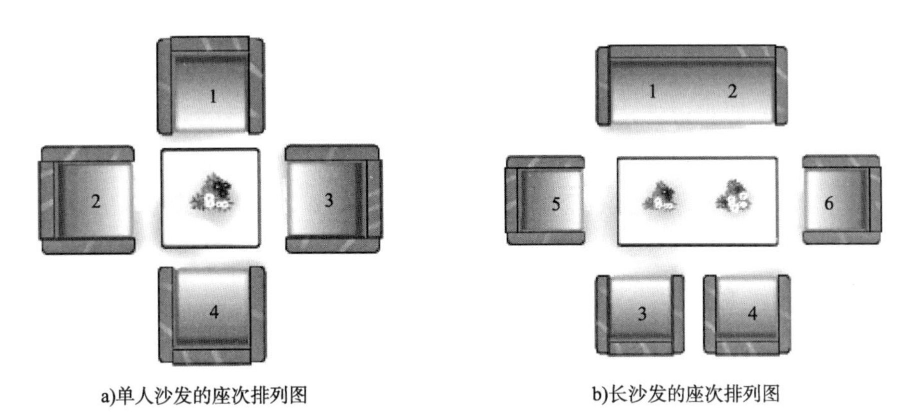

a)单人沙发的座次排列图　　b)长沙发的座次排列图

图2-32　座次排列图

站立引导时，引导者应在客人距离2m左右时做出引导手势，为客人指明方向；必须保持引导动作直至客人从身前走过，并背对引导者，方可结束引导动作。

行进引导时，即长距离引导客人，不需要一直保持引导动作。主要应该在引导开始、结束或客人落座前，以及转弯处、上楼时、进门时，引导者需提前做出手势，及时提示客人，直至客人会意。

双臂伸展式：双臂伸展式要求先向右侧伸出右手、再向左侧伸出左手，手指伸直并拢，右手齐肩、左手齐胸，然后鞠躬25°。对众多客户表示感谢时使用。话术为"谢谢大家"。

3. 运用手势时的注意事项

（1）不可含混不清。

（2）手势不易过大或过小。

（3）不可以过于繁多，以免喧宾夺主。

（4）手势不要生硬，否则会使人敬畏疏远。

汽车服务人员得体地运用手势不仅能够展现服务人员的素养，同时，也可以体现品牌的风采。

前台接待虽然看似无足轻重，但却是一个企业的门面，前台接待人员的形象直接代表了企业留给客户的第一印象，因而把握每一个细节非常重要。

4. 手势礼仪应用举例

1）接传物品

（1）基本礼仪规范。递送时，资料正面面对接受人，用双手递送，并对资料内容进行简单说明。如果是在桌子上方交递，切忌不要将资料推到客户面前，如果有必要，帮助客户找到其关心的页面，并作指引。如果是交递锋利和尖锐的物品，锋利和尖锐部位面朝自己，切忌对准客户。

(2)基本话术。“这是资料,请过目。”“我现在就您所关心的问题给您做个介绍,您看可以吗?”“请您在客户栏签字,谢谢!”

(3)运用。

①一汽奥迪轿车递物礼仪要求:面带微笑双手递出,文字正面朝向客户,目光注视对方(图2-33)。

②广汽本田轿车对接传物品礼仪的要求:交接物品前应先简要介绍物品,面带微笑,双手递送。交接前应注视对方的眼睛,并加上适当的话语,在肩膀与肚脐之间的位置交接。交接时注意将视线移向物品,交接结束后再注视对方的眼睛(图2-34)。

图2-33　一汽奥迪轿车递物礼仪

图2-34　广汽车田轿车接传物品礼仪

③名片递交:名片以对方阅读的方向递出,递交前应做自我介绍,递交时保持身体微微前倾,略带弧度的递交出去。郑重对待收到的名片,并当着对方的面,将对方的姓名、职务念出,等对方收起后自己再收起。

2)引导动作

(1)基本礼仪规范。指引客户方向或指示物品的时候,手臂应自然伸出,手心向上,四指并拢。出手的位置根据与客户所处的位置而定。

引导者应站在贵宾侧前方1m左右,半转身面朝着客人。前行时尽可能用右手引导,也可根据情况选用左手,注意在转角拐弯或需改变行进路线时手臂前伸,手掌指向行进路线。对伊斯兰教徒只能用右手。

引导客户进入展厅时,走在客户的斜前方,与客户保持一致步调,先将店门打开,请客户进入店内,如果经销店不是自动门,则用左手向展厅外方向拉开店门,请客户先进入展厅,并鞠躬示意。

(2)基本话术。“这边请。”“您请跟我来。”“您请进。”

(3)运用。一汽奥迪轿车展厅引领礼仪要求:位于客户左前侧,指引时五指并拢,目光要关注客户,面对客户要微笑(图2-35)。如果是上下楼梯或乘坐扶手电梯,上楼时要让客户先行,下楼时走在客户前面,若遇女客户,上下楼梯都在前(图2-36)。

图2-35　一汽奥迪轿车展厅引领礼仪(一)

a)

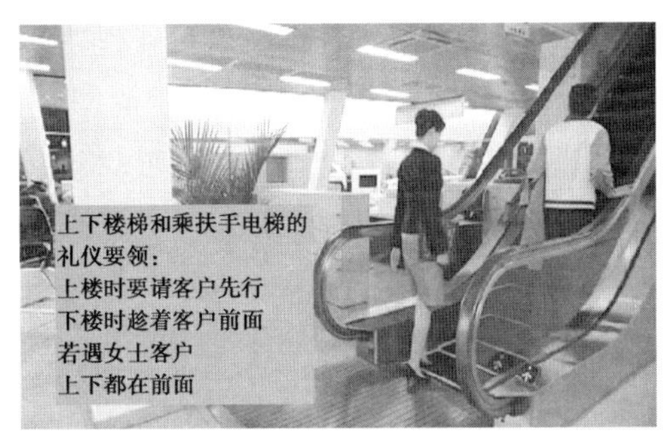

b)

图 2-36　一汽奥迪轿车展厅引领礼仪(二)

八、上下车

1. 基本要求

引导客户进入展车时,走在客户的斜前方,与客户保持一致步调,并为客户拉开展车车门,请客户进入。(开、关门时注意礼貌,站在不妨碍客户上下车的位置为客户开启车门,如果客户坐在驾驶室,应该用左手拉车门,右手挡在车门框下为客户护住头部。如果客户坐在副驾驶室,则应该用右手拉车门,左手挡在车门框下为客户护住头部。)

2. 基本话术

“这边请。”“您请跟我来。”“您请进。”“您请坐到车里面感受一下。”“您请看这里。”

3. 运用

(1)一汽奥迪轿车上下车礼仪要领:用手挡住车门框作保护,伸手在门框顶边做提示(图 2-37)。

(2)广汽本田轿车上下车礼仪要领:左手打开驾驶室门,退至后门旁伸手在顶边做提示(图 2-38)。

图 2-37　一汽奥迪轿车上下车礼仪

图 2-38　广汽本田轿车上下车礼仪

九、表情

表情是人的思想感情和内在情绪的外露。脸部则是人体中最能传情达意的部位,可以表现出喜、怒、哀、乐、忧、思等各种复杂的思想感情。在交际活动中表情很重要。在人的千变万化的表情中,眼神和微笑最具礼仪功能和表现力。

汽车营销人员在工作中应该非常重视表情礼仪的运用,因为良好的表情礼仪不仅可以代表个人和企业形象,还能传达积极、亲切的信息,提高客户的信任和好感,从而使产品销售过程更加顺利和愉快。

1. 表情礼仪

表情是指人的面部情态,即通过面部姿态变化,表达出来的内心的思想感情。面部表情是仅次于语言的一种交际手段,因此在交际活动中表情备受营销人员的注意。在人的千变万化的表情中,眼睛和微笑最有礼仪功能和表现力。营销人员在与公众打交道时,表情礼仪的基本要求就是热情、友好、真诚、稳重、和蔼。

2. 表情礼仪规范

1)目光

眼睛是人体传递信息最有效的器官,它能表达出人们最细微、最精妙的内心情思,从一个人的眼睛中,往往能看到他的整个内心世界。一个良好的交际形象,目光是坦然、亲切、和蔼、有神的。

目光凝视的区域:

(1)公务凝视区域:以两眼为底线,额中为顶角形成的三角区。这种凝视会显得严肃认真,对方也会觉得你有诚意,容易把握住谈话的主动权和控制权。

(2)社交凝视区域:两眼为上线,唇心为下顶角所形成的倒三角区。这种凝视能给人一种平等、轻松感,从而创造出一种良好的社交气氛。

(3)亲密凝视区域:双眼到胸部之间。这是亲人、恋人、家庭成员之间使用的一种凝视,往往带着亲昵爱恋的感情色彩,所以非亲密关系的人不应使用这种凝视,以免引起误解。

2)微笑

微笑是交际活动中最富有吸引力的面部表情,也是世界通用的交际语言。尤其对于汽车营销人员来说,好的微笑可以向客户展现自己的友善、谦恭、亲切的情感,发出信任、宽容、理解等信号。

微笑的要求:得体、真诚、适度、合时宜。

微笑的运用:

(1)上海大众轿车在训练营销人员微笑的时候,要求做到以下几方面:嘴角微微向上翘起,让嘴唇略呈弧形,在不牵动鼻子、不发出笑声、不露出牙齿的前提下,略微一笑。可默念英文单词 cheese,或英文字母“G”或普通话“茄子”。

(2)广汽本田轿车在训练营销人员时要求:真诚的微笑能够融洽工作人员与客户的关系,拉近距离,所以说,微笑是热情接待的重要表现。眼睛是直接流露我们思想情感的窗口,微笑时,嘴唇两端向耳朵方向拉伸,脸颊上翘,眼角出现皱纹,感觉有朝气,最优美的微笑应该在眼睛和嘴巴的表情里,加上诚心,只有诚心的微笑才能打动对方的心(图 2-39)。

十、接送名片

名片的英文称为“business card”,即商务卡,其在商务活动中的重要性可见一斑。名片是纸上的“自我介绍”,留给对方可以加深对方对赠送者的印象;也可附赠在鲜花或礼物中,以及在介绍信、邀请函等商务函件中使用。

a)

b)

图 2-39　广汽本田轿车训练营销人员微笑的要求

名片的设计风格十分多样(图 2-40),有在纸张上做文章的,也有在版面设计上做文章的,但名片上一般都印上本公司的名称,或者公司的图标(Logo)。

不过近年来也有个别身份特殊的人士,由于在集团内部的地位实在太高,或者名声实在太响,因此只在名片上印上自己的姓名,这毕竟为特例,不建议大家模仿。

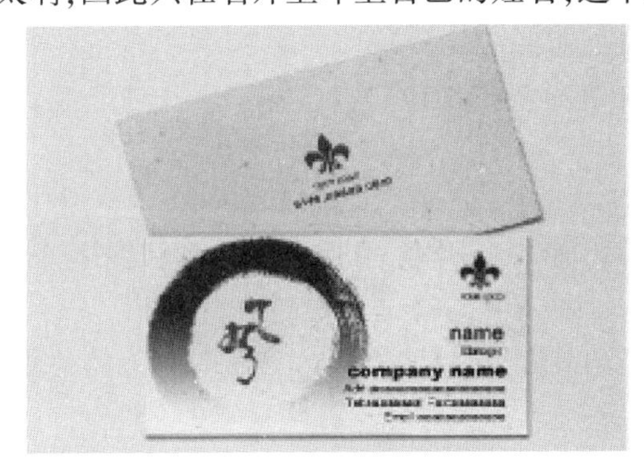

a)传统而经典的名片

b)以形状取胜的名片

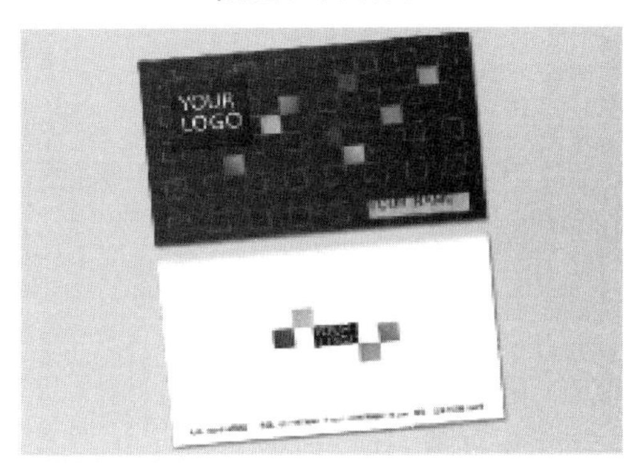

c)以色彩取胜的名片

d)以LOGO取胜的名片

图 2-40　名片

【案例 2-3】

老杨坐地铁上班,中途上来好几个年轻的小伙子,像表演飞扑克牌一样将手里厚厚一沓卡片随意发放,遇到不要的乘客,就往人家身上一扔。老杨连连摇头,自言自语道:“以前都不知道还有人这样发名片的,也不管人家要不要!”一旁的一名大学生模样的女孩子笑道:“这哪是‘名片’啊! 这是小广告,只不过做得跟名片一样大小而已!”老杨仔细一看,果然是某航空公司的广告,顿时无语……

“小广告”冒充名片,非常影响城市形象;但是在生活和工作中,如果我们不会选择恰当的时机和方法来递送名片,那么很可能你明明在发名片,别人却以为你在发小广告。千万不要在一群陌生人中到处发放名片,会被误以为是在推销某种商品。对于职场人名片就像第二张“脸”,用得恰当与否,不仅直接关乎脸面,还会影响工作效果。

1. 递送时机

参加社交活动之前,首先要把自己的名片准备好,放在易于掏出的口袋或皮包里,不要和其他物品混杂在一起,以免找不到。

递送名片也要讲究时机,要想使递送名片收到最好的效果,要注意几个方面:

(1)出席社交活动,一般在刚见面或告别时发送名片。

(2)被第三方介绍后,一般可递出自己的名片。

(3)除非对方要求,不然不要在长者、领导(尤其是身份地位与自己过于悬殊的上级)面前主动出示名片,否则会有推销自己之嫌。

(4)不要在餐桌上发放名片。

出席重要社交活动,一定要记住随身携带名片;如凑巧用完,可用干净的纸张写下个人资料代替,并向对方致歉。

如无特殊情况,在接受对方递送的名片后,应及时递上自己的名片,这是对对方的尊重。如未携带名片,应向对方致歉。

名片上的小细节:

(1)大多数名片都印有公司图标,也可能用一些细小图案作装饰,切记图案万万不可过多,否则容易给人杂乱的印象。

(2)不可以在名片上随意涂改,如关键信息发生变化,一定要重新印刷名片。

(3)即使你有好几个头衔,也不要印在同一张名片上,会给人以“用心不专”的感觉。如有工作或社交需要,可多印几种名片,以便和不同的对象交换。

(4)名片上不提供私宅电话,讲究隐私保护。

2. 递送方法

双手持名片,以两手大拇指和食指分别持握名片的上端两角。名片正面向上,文字正向朝对方。双腿立直,上身前倾,将名片递送至对方跟前,但不宜直接递送至对方面门处。面带微笑,两眼注视对方,并大方说“这是我的名片,请多多关照”等话语,如图 2-41 所示。

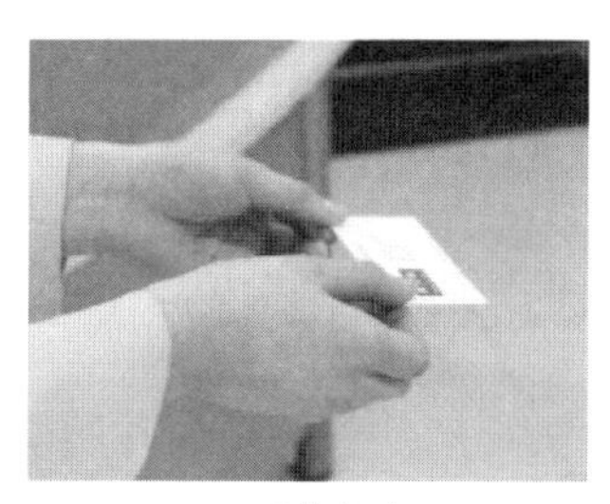
a)双手持名片

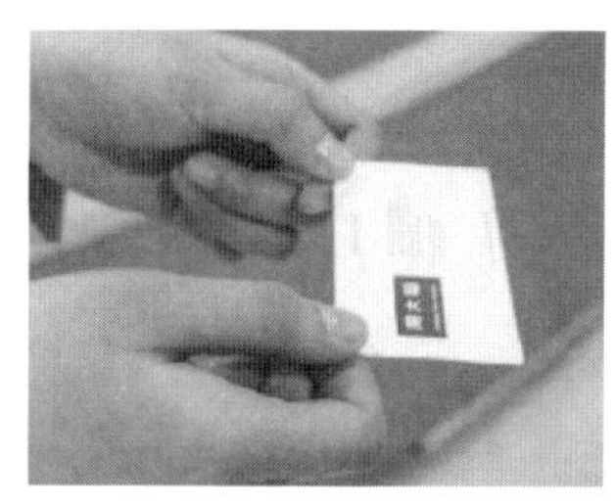
b)名片字样正向对方

c)递送姿势

d)表情与眼神

图2-41　递送名片

3. 接收方法

站起身,面带微笑注视对方。双手大拇指和食指接住名片下端两角,并说“谢谢”等话语。如初次见面,可将对方名片上的姓名、职位小声读出,并抬头看对方,使对方产生一种满足感,如图2-42所示。

a)起身、微笑

b)接收名片

图2-42　接收名片

接收对方名片后,如何收藏也是一个关键“细节”。经常出席社交活动的人都会有名片夹或名片包,这也是名片最正规的“归属地”。

但是如果偶尔出席社交活动,或因自己没有名片而不备名片夹,那么可以将名片收藏在上衣口袋里，一般不存放在钱包、裤子口袋、手提包里，以免显得不尊重对方。

4. 索要方法

出席社交活动或商业活动，常常会遇到自己十分想结交的对象，希望得到对方的名片，以便日后联络，那么怎么样才能不着痕迹地向对方索要名片呢？

1）礼尚往来型

“欲将取之，必先予之”，主动递上自己的名片，是向他人索要名片的最佳方法。

2）含蓄委婉型

如遇某些特殊情况，不适宜先递上自己的名片，也可通过较委婉的语言向对方索要。例如，遇到长辈，可询问对方：“今后如何向您请教？”，面对平辈或晚辈，可询问对方：“以后怎样与您联系？”

不论是在什么场合，强索他人名片总是不合适的。如果你已经显示出你的诚意，对方仍无所动，那么就不要再勉强了。

本章小结

1. 仪态美多指人的姿势、动作的美，是人体具有造型因素的静态美和动态美，它是一种无声的“语言”。

2. 仪态，又称“体态”，是指人的身体姿态和风度。姿态是身体所表现的样子，风度则是内在气质的外在表现。

3. 一个人的站、坐、走的姿态和面部的表情、说话的声音、手势的运用等，是构成仪态的基本要素。

4. 汽车服务人员的仪态应当包括站姿、坐姿、行姿、蹲姿、鞠躬、握手等，这些仪态在工作中如果把握到位，运用得体，就会使客户获得尊贵的感觉。汽车服务人员只有了解仪态的基本要求，掌握仪态礼仪规范，才能促进服务工作的开展。

复习思考题

1. 什么是仪态？

2. 汽车服务人员仪态美的意义是什么？

3. 汽车服务人员的站姿、坐姿、行姿要求是什么？

4. 汽车服务人员采用蹲姿时应注意的问题是什么？

5. 汽车服务人员行鞠躬礼需要注意的问题是什么？

6. 手势种类有哪些？汽车服务人员常用的手势有哪些？

第三章　汽车服务人员仪表礼仪

学习目标

1. 了解汽车服务人员岗位的仪表规范；
2. 掌握汽车服务人员岗位的妆容技巧。

第一节　仪容礼仪和标准

一、仪容礼仪

仪表是一个宽泛的概念，其中包括了人的形体、容貌、健康状况、姿态、举止等方面，它能够直观反映出一个人的精神状态和礼仪修养。古人对仪表的理解，不仅涵盖了仪容、仪态，还包括了与之相对应的某些内在素质。《管子·形式解》中“法度者，万民之仪表也。”在这里仪表所指是表率。《宋史·杨承信传》中“承信身长八尺，善持论，且多艺能。”这里的仪表指外表、容貌。

而仪容则主要指人的容貌，容貌在很大程度上取决于先天条件，可是天生丽质的人毕竟是少数，就是容貌较好的人，也会有自己的不足之处。所以适当的装饰和修整能够在视觉上给人以更好的展示，能够提升自己的魅力，会使得营销服务人员更加容光焕发和充满活力，从而给客户展现一个良好的形象。

二、仪容标准

1. 男士

对于从事汽车服务岗位的男士，都希望能得到上司的认可和客户的信任，同时赢得同事的尊重和异性的青睐，所以适当的装饰打扮和容貌的美化是必不可少的。

但是男士的妆容以清爽整洁、干净利索为标准，不能像女性那样充满胭脂气息，应当表现出自己的气质美和风度美，面部要尽量自然。

在汽车服务岗位工作的男士，在适宜的妆容之上，还要有自己独特的气质，要根据自己的特点修饰发型和胡须等，展现出自己的阳刚之美，从而赢得客户的好感。

2. 女士

女士的妆容要求就要较男士更复杂一些，虽然本质都是一样的，都是为了展现出更好的自己。女士则要借助一些修剪、描画、遮掩等修饰手段达到美化容颜的目的，以符合汽车服务岗位的要求。

从事汽车服务岗位的女士仪容要求不能素面朝天,也不可以浓妆艳抹,过于浓艳的装扮会显得过于个性和自我,不能给客户一个好的印象。所以女士仪容要符合公司的相关要求和岗位规定,一般来说都要求头发梳理整齐,长头发需要盘起,刘海尽量不要遮住眼睛,皮肤洁净,淡妆自然,确保与自己的颈部协调,腮红颜色应与口红眼影的色调搭配,手部保持干净,无斑点,指甲要修剪整齐,自己的装扮要体现与整体和谐的原则。

第二节　汽车服务人员发型规范

发型对于汽车服务岗位从业者的个人形象来说有着重要的作用,也是仪容美的重要部分,因此了解汽车服务行业发式礼仪并系统地学习一些美发礼仪也是很有必要的。

一、男士发型

在汽车服务岗位上工作的男士发型修饰最重要的是要保持健康、秀美、干净、清爽、卫生、整齐的状态,具体来说应该做到以下几点:

(1)头发长度适中:前不过眉,后不过领,两侧长度不宜过耳,更不宜理光头。

(2)头发应保持清洁,养成勤洗头发的习惯,不要有头皮屑。

(3)学会护理头发,头发应健康有光泽,定期修剪和护理。

(4)发型符合大众审美观,不做前卫、怪异的造型,不宜戴发饰和染发。

(5)头发应梳理有型,因睡觉等压坏的发型可使用定型水等进行修正,但定型水不要使用气味太重的产品。

(6)男士头发应以短发为宜,所以应当定期理发,保持合适的头发长度。

(7)男士理发方式应以普通修剪为宜,选择染、烫、拉直等方式。

二、女士发型

女士发型的修剪也要体现整洁、清爽,符合岗位规范(图3-1)。

图3-1　女士发型

(1)头发梳理有型,刘海不要遮住眉毛和眼睛,留长发的女士应该用发卡或其他发饰将头发扎住。

(2)头发应保持清洁,养成勤洗头发的习惯,不要有头皮屑。

(3)学会护理头发,头发应健康有光泽,定期修剪和护理。

(4)发型符合大众审美观,不做前卫、怪异的造型,不宜戴发饰和染发。

(5)女士也应该定期修剪发梢、刘海等,保持合适的头发长度。

(6)女士在有必要使用发卡、发绳、发带或发簪时,应使之朴实无华,其色彩宜为蓝、灰、棕、黑,并且不带任何花饰,绝不要在工作岗位上佩戴色彩鲜艳或带有卡通、动物、花卉图案的发饰。

三、发型选择常识

人的脸型一般可分为8种，其中鹅蛋脸(又称瓜子脸)属标准型
可以做任何发型，设计发型时只有对发型设计及化妆的原则有深刻的认识，针对脸型处理发式进行平衡和调和才能弥补脸型的不足，创造美丽和满意的效果，不同脸型与发型的搭配见表3-1。

脸型与发型配合表　　表3-1

脸　型	发　型　配　合
圆形脸	将头发安排在头顶，用前刘海盖住双耳及一部分脸颊，即可减少脸的圆度
方形脸	类似于圆形脸，其发式应遮住额头，并将头发梳向两边及下方，并可以烫一下，造成脸部窄而柔顺的效果
梨形脸	保持头发覆盖丰满且高耸，分出一些带波浪的头发遮住额头，头发以半卷或微波状盖住下级线，造成宽额头的效果
长形脸	可适当用刘海掩盖前额，一定不可将发帘上梳，头缝不可中分，尽量加重脸型横向感，使脸型看上去圆一些
钻石形脸	增加上额和下巴的丰满，维持头发贴近颧骨线，可创造出鹅蛋形脸的效果
心形脸	将中央部分刘海向上卷起或倾斜地梳向一边，在下级线加上一些宽度
不规则形脸	可以选择适当的发型掩饰其缺点，采用柔和的盖住突出缺陷的发型，造成脸部两边平均的效果

第三节　汽车服务人员面部礼仪规范

汽车服务岗位从业者应该非常重视面部清洁和护理，给客户留下良好的第一印象，下面我们就来学习汽车服务人员面部礼仪的规范。

一、男士面部规范

在汽车服务岗位工作的男士每天面部都要保持整洁，男士由于生理因素，皮肤较女士粗糙，质地硬，毛孔大，表皮容易角质化，同时男士的汗液和油脂分泌量多，皮肤上的灰尘和污垢积聚多，清洁皮肤需要更加彻底，男士的面部规范要做到以下几点：

(1)面部应保持干净无油腻，包括眼角、嘴角、鼻孔等处要清理干净，鼻毛不外露。

(2)耳朵和耳后保持清洁，胡须修干净，不可蓄胡须，养成每天剃须的习惯。

(3)口气要清新，每天早晚清洁口腔和牙齿，牙缝里无异物，不要在上班时间食用有刺激性气味的食物(如大蒜、大葱、洋葱等)，不能饮酒和有酒精成分的饮料。

二、女士面部规范

在汽车服务岗位工作的女士每天面部也要保持整洁，同时女士也要考虑自己的皮肤特点进行修饰，女士的面部规范要做到以下几点：

(1)面部应保持清洁，白天上班期间不宜化浓妆，应以淡妆为主。

(2)保持口腔清洁和口气清新,牙缝无异物,不在上班期间食用有刺激性气味的食物(如大蒜、大葱、洋葱等),不能饮酒和有酒精成分的饮料。

(3)女士的脖颈美也是很重要的,要像修饰面部一样修饰颈部,保持颈部皮肤的清洁和美,以免破坏了整体的形象。

三、面部护理

(1)油性皮肤的护理:油性皮肤应勤洗脸,选用清洁力和杀菌力强的洗面奶或香皂,以利于清除皮肤上的油分和污垢。洗脸后不要使用含油分的乳液或面霜,可搽些收敛性的化妆水。

(2)干性皮肤的护理:这类皮肤主要是由于缺少油脂而导致面部粗糙、褶皱,所以应该注意选用富含油分的面霜或乳液,洗脸时应用温水,洗后用化妆水、乳液或面霜敷面。

(3)中性皮肤的护理:中性皮肤在夏季宜采用清爽型的化妆水和乳液,冬季可改用油分较多的护肤品。

第四节　汽车服务人员女士妆容

一、女士化妆的目的

化妆是一门综合的艺术,又是一种技术、技巧。它不是单纯的涂脂抹粉,而是运用色彩及各种化妆品来突出和强调每个人面部自然美的部分,修饰或掩饰其容貌上的欠缺,使每个容貌都变得尽可能完美。简单点说,化妆的目的是要突出自己的优点,修饰缺点。恰到好处的化妆给人以文明、整洁、雅致的印象,使汽车服务人员在商务交往中更具魅力。

汽车服务人员化妆的准则是和谐自然,避免浓妆艳抹或者过分夸张的修饰,防止给客户留下矫揉造作的印象。在工作中只有得体的化妆才能使自己更文明、企业形象更加完美。

二、简单的化妆步骤

每个人的面容都有自己的特征,因此化妆的技法和风格也各有不同,每个人应根据自己的特点采用最适宜的化妆技法。

1. 清洁面部

首先用洗面奶等清洁类化妆品洗脸,用水冲净。然后涂上护肤类化妆品,如乳液、护肤霜、美容蜜等。其目的一是为了润泽皮肤,二是起隔离作用,防止带颜色的化妆品直接进入毛孔。

2. 基础底妆

使用底色的目的是遮盖皮肤的瑕疵,统一皮肤色调。应根据自己的脸型施以粉底,突出面部的优点,修饰其不足。一般选用两种颜色的底色,在脸部的正面用接近自己天然肤色的颜色,均匀地薄薄地涂抹。在脸部的侧面,可用较深底色,从后向前,由深至浅均匀地涂抹。由于深色有后退和深陷的作用,可以增强脸型立体感的效果。在面部需要表现后退和深陷的部位,都可以巧妙自然地使用深底色。

3. 定妆

上完底色之后用粉定妆,可以柔和妆面固定底色。可以使用粉饼或散粉,粉的颗粒越细效果越自然,粉色不要太白,否则会让人感到像“挂霜”一样,粉一定要涂得薄而均匀。

4. 画眼线

画眼线是为了增加生理睫毛的合理浓密程度,增加眼神的神采。画眼线时使用眼线笔紧贴眼睫毛由外眼角向内眼角方向描画,上眼线比下眼线重些,上眼线从外眼角向内眼角画7/10长,下眼线画3/10长。

5. 画眼影

画眼影是为了表现眼结构的整体化妆风格,强调眼睛的立体感。选择的眼影颜色要适应自己肤色及服装色,也可以用颊红或阴影色代替。涂眼影时,贴近睫毛部位要重些,眼角部位也要重些,然后用眼影轻轻扫开去,与鼻侧影自然相接。

6. 眉毛的修饰

修饰眉毛是为了给眼睛这幅美妙的图画配上一个精彩的画框。眉毛的生长规律是两头淡、中间深,上面淡、下面深。标准眉形是在眉毛的2/3处有转折。描画时,应根据眉的这种生长规律将其修饰的接近于标准眉形,将眉笔削成扁平状,沿着眉毛的生长方向一根根的描画,这样描出的眉毛有真实感,不要画成黑糊糊的一片。修饰眉形要根据自己的脸形,如果脸盘宽大,眉毛就不宜修得过细;五官纤细的人不要将眉毛修饰得太浓密。

7. 面颊红

使用面颊红的目的一是表现皮肤的健康红润,二是利用颊红的位置和方向来矫正脸型,颊红的中心应在颧骨部位,刷颊红时用颊红帚从颊处向四周扫匀,越来越浓,直到与底色自然相接。在选择颊红的颜色时,白皮肤的人,可选用淡而明快的颜色,如浅桃红、浅玫瑰红;皮肤较黑的人,颊红颜色可深一些,暗一些。

8. 涂口红

涂口红可以加深嘴的轮廓,使其生动润泽、富有魅力。涂口红时应先用线笔勾出理想的唇形,若嘴唇过大、过小或太厚、太薄,应注意修饰,然后用口红在轮廓内涂抹。若在外缘用深红色口红,内缘用浅红色口红,更可以使嘴丰满,有立体感。口红的颜色,应根据肤色的不同选择,还要注意不同的场合选用不同的口红色,日常生活中的化妆,应避免选用鲜艳的颜色,婚礼、宴会等场合,可以选用较鲜艳、热烈的颜色。

9. 睫毛

为了更好地表现眼睛的神采,使其生动而有立体感,可用睫毛夹、睫毛膏等使睫毛卷曲,并增加其浓密感。

以上几个步骤进行完后,要全面检查一下整体的化妆效果,尽量不要显露修饰的痕迹。检查一下化妆与衣着、发型是否协调,与自己的身份、气质、年龄以及场合是否相宜。

三、快速化妆技巧

1. 打底

用适合自己的洁面乳打圈清洁脸部,快速洗完脸后用化妆棉涂抹爽肤水,接着涂上润肤霜或隔离霜，在等候皮肤吸收润肤霜的同时，你可以抓紧时间整理头发。

2. 局部修饰

在一般化妆程序中，通常是先用粉底液然后用遮瑕产品，再用粉饼和定妆粉，但在快速化妆中只用遮瑕膏和粉饼代替所有工序，加上适当的手法就可以得到同样的底妆效果。先用遮瑕膏局部遮盖不均匀肤色，如眼袋、嘴角、鼻翼等部位。具体的方法是用手指蘸上遮瑕膏，点在几个局部部位，从内眼角推向外眼角，顺便涂在最易红的嘴角和鼻子两侧。然后再用粉饼代替粉底液，直接用潮湿的海绵或蜜粉刷刷在脸上，底妆部分就此完成。

尽量选择质地好、易推开的遮瑕膏和粉饼，用潮湿的海绵粉饼，可以达到粉底液贴妆的效果。

3. 一笔描画

一般来说，一个眼部妆容要画眼线、眉和眼影，但为了达到快速化妆的效果，可以使用多用途眼线笔和眼影来代替其他步骤。比如直接用质地较软的灰色眼线笔描画眼线、眼影和眉毛。要点是先画眼线而且画得略微粗一些，再用小号的眼影笔晕染开来，均匀地分布在眼线及眼睑上，再利用眼影刷上的灰色余粉轻扫眉毛、眼影、眉毛就这样同步完成了。

可以用无名指轻点米白色眼影用于提亮眉骨和眼睑的过渡色，如果想双目显得更大更明亮，可以用米白色眼线笔画在下眼睑的前眼角。

4. 唇颊红晕

唇膏和腮红的颜色调配需要和谐，所以不少人上唇膏和上腮红时会花费一定的时间，建议大家用唇膏代替腮红，由于唇膏与肌肤的贴合性更强，会有更佳效果。先用唇线笔画唇线，再涂上颜色较浅的唇膏，再用中指和无名指抹上唇膏轻点在双颊，均匀地涂抹开，1min 内就可以把唇颊抹好。如果想化出满意的妆，就要花时间去试，看着镜子，不断尝试。

除上述之外，要掌握好粉底与遮瑕膏的平衡问题，既要遮盖瑕疵，又要显得透明自然。肤色就像画画的画布一样，没有好的底，也不会有好的画作诞生。

5. 检查

整个妆容完成以后，记得做最后的检查，在光线较明亮的地方看看自己，有没有粉上不均匀的。

本章小结

1. 仪表礼仪是人们在容貌、体态、妆饰、服饰等方面体现出来的精神面貌、内在素质及外在感官形象等，并在视觉上把自身较美的方面展露、衬托和强调出来，使形象得以美化。

2. 对于汽车服务岗位的从业人员来说，具体要达到如下几点：

(1) 内在美与外在美兼收并蓄。

(2) 自然美与修饰美和谐统一。

(3) 简洁大方、干净利落。

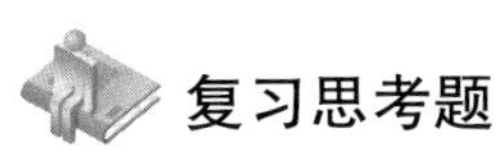

复习思考题

1. 什么是仪容礼仪？仪容礼仪包括哪些？
2. 简述汽车服务人员的发型要求。
3. 简述汽车服务人员的面部要求。
4. 汽车服务人员中女士化妆的目的是什么？
5. 简述汽车服务人员中女士的化妆步骤。

第四章　汽车服务人员穿着礼仪

学习目标

1. 了解着装的TOP原则；
2. 掌握男士着装基本礼仪；
3. 掌握女士着装基本礼仪。

第一节　TOP　原　则

爱美之心，人皆有之。自古女子就非常向往犹如天边的彩云一样飘逸的轻纱罗裳，因此有“云想衣裳”一说。其实，得体的着装不仅可以使自己显得更加美丽，还可以体现出一个现代文明人良好的修养和独到的品位。

西方的设计大师认为：“服装不能造出完人，但是第一印象的80%来自于着装。”“先看罗衣后看人”。又有推销专家称：“推销的成功在于推销自己。”可见，对于销售人员来说，要有效地推销自己，进而成功地推销产品，掌握一定的着装技能是非常有必要的。

在特定的场合中，服装也代表着一种礼仪，穿着职业服装不仅是对服务对象的尊重，同时也使着装者有一种职业的自豪感、责任感，是敬业、乐业在服饰上的具体表现。汽车营销人员在正式的商务场合中，应该重视自己的服饰礼仪。

着装的基本要求是干净整洁，既要能符合时尚美感，又要能恰当地体现个性的风采。这些都会让人在举止之间流露出自然的美感和迷人的魅力，想要学会穿衣之道，需要讲究着装的TOP原则。

(1)时间原则(Time)——着装要随时间而变化。如果在白天的工作时间与刚结识不久的潜在客户见面，建议着装要正式，以表现出专业性；而晚上、周末、工休时间与客户在非正式场合会面，则可以穿的休闲一些。因为在工作之余，客户为了放松自己，在穿着上也较为随意，这时你穿得太正式，就会给客户留下刻板的印象。但是如果参加较正式的晚宴，则需要遵循场合原则，穿正式晚宴装了。

每年都有春、夏、秋、冬四季之分，每个季节都应该有适合该季节气候特点的服装，如果冬天穿得太薄，客户会看着不舒服；而夏天穿质地厚重的衣服，客户会感觉保守及不合时宜。因此，在着装时要选择与气候相适应的服装。

着装除了随时段和季节而变以外，还应该顺应时代的潮流。虽然一味地跟着潮流走不一定会产生好的效果，但是背离当今的时代特点和大众的审美观，也会使自己和别人格格不入。

(2)场合原则(Occasion)——着装要随场合而变化。场合可以分为正式场合和非正式场合。在正式场合,如与客户会谈、参加正式会议或出席晚宴等,销售人员的衣着应庄重、考究。男士可以穿质地较好的西装,打领带,女士可以穿正式的职业套装或晚礼服。在非正式的场合,如朋友聚会、郊游等,着装应轻便、舒适。试想一下,如果一位女士穿着高跟鞋、窄身裙搭乘飞机,将会发现给自己带来诸多不便。同样的,如果穿便装去出席正式晚宴,不但是对宴会主人的不尊重,同时也令自己颇觉尴尬。

(3)地点原则(Place)——着装要入乡随俗、因地制宜。地点即所处地点或准备前往的地点。如果是在自己家里接待客户,可以穿着舒适的休闲服,但要干净整洁;如果是去客户家里拜访,则既可以穿职业套装,也可以穿干净整洁的休闲服装;如果是去公司和单位拜访,穿职业套装会显得专业;外出郊游可以穿得轻松休闲一些;而到酒店拜访,则宜穿轻便的服装。

另外还有一些原则可供参考:

(1)整体性原则。正确的着装,能起到修饰形体、容貌等作用,形成和谐的整体美。服饰的整体美构成,包括人的形体、内在气质和服饰的款式、色彩、质地、工艺及着装环境等。服饰美就是从这多种因素的和谐统一中显现出来。

(2)个性化原则。着装的个性化原则,主要指依个人的性格、年龄、身材、爱好、职业等要素着装,力求反映一个人的个性特征。选择服装因人而异,着重点在于展示所长,遮掩所短,显现独特的个性魅力和最佳风貌。现代人的服饰呈现出越来越强的表现个性的趋势。

(3)整洁原则。在任何情况下,服饰都应该是整洁的。衣服不能沾有污渍,不能有绽线的地方,更不能有破洞,扣子等配件应齐全。衣领和袖口处尤其要注意整洁。

总之,穿着打扮应该与时间、场合、地点保持和谐。这样不仅能令自己感到舒适、信心十足,也能给客户留下良好的第一印象,唤起客户对你的好感与共鸣,乐意与你交谈,在无形之中使双方的关系变得融洽、亲和,否则,就会显得与这个环境格格不入,甚至滑稽可笑。

毕业生张杰身为一名即将步入社会、步入职场的学生,心中充满了疑惑,让我们一同来帮帮他!

毕业生张杰的困惑:明天就要参加面试了,可是心里一点底都没有,人说“佛要金装,人要衣装”,面试的服装需好好选择。那么,到底怎样着装才能合乎求职者的身份又契合自身的形象,给面试考官留下良好的第一印象,让自己在众多的面试者中脱颖而出呢?张杰也碰到了同样的问题,一筹莫展。

学生在校园里,通常都是穿校服,但是面试属于较为正式的场合,因此服装的选择很重要。下面我们再来了解一些有关服装的知识吧!

一、服装的类别

不同社交场合,对服装的要求是不同的,为了着装得体,就要了解在什么场合应穿什么衣服,什么服装适合在什么场合穿。

1.正式服装

正式服装用于参加社交、会客、拜访、婚葬仪式等场合。

(1)晚礼服:用于晚间宴会或外交场合,有正式、非正式之分;没有固定款式,但都有高格调和正统习惑。

(2)午后礼服:这是在下午进行比较正式的拜访时的着装。

(3)晚会服、酒会服、婚礼服等:这些服装适合喜庆的氛围,比如结婚仪式气氛轻松,宾客应穿正式的酒会礼服,穿丝绸类套装、连衣裙等以示对主人的尊重,也迎合结婚仪式的庄重,但应注意色彩不要过于抢眼,以免喧宾夺主。

2. 职业装

职业装,即工作服装,适合各自职业的性质、工作环境,实用又便于活动,给人整齐划一、美观整洁之感,能振奋人心,增强职业自豪感。如旅游接待人员的工作服,应便于人体的各部分活动,自然、得体、大方;教师职业服装应有助于展示教师端庄、严谨并富有亲和力的特征。

3. 便装

便装指平常穿的服装,使用范围广泛,包括旅游服、运动服、家居服等。

4. 补正装

补正装指贴身服装,可以起到保温、吸汗、防污垢、保持身体清洁的作用,还能成为外衣的陪衬,使外衣穿着效果更好。补正装包括胸衣、围腰、衬裙、马甲等。

二、着装的基本原则

1. "TPO"原则

"TPO"是英文"time(时间)"、"place(地点)"、"occasion(场合)"三个单词的缩写,着装的"TPO原则"是指人们的穿着打扮要适应时间、地点、场合的需要,这是世界通行的着装打扮的基本原则。

(1)与时间相适应:着装要合乎季节、时令,符合时代特色,不能太超前或落伍。

(2)与地点相适应:不同国家、不同地区的人们由于所处的地理位置、自然条件以及生活习俗等不同服装各有特色。如在气候炎热的地方,服装以浅色或冷色调为主,以阿拉伯服装为典型;在寒冷的地方,服装以深色或暖色调为主,以北欧人服装为典型。

(3)与场合相适应:主要指在上班、社交、休闲等不同场合应有不同的着装。

2. 配色原则

使人产生温暖、热烈、兴奋之感的色彩称为暖色,如红色、黄色;使人产生凝重、抑制、平静之感的色彩称为冷色,如蓝色、黑色、绿色。人们平日的着装,通常讲究上浅下深。冷色、深色使人苗条,暖色、浅色使人丰满。黑、白、灰是服装搭配时常用的三种颜色,比较容易出效果,被称为安全色。色彩搭配主要有三种方法:

(1)统一法,即配色时尽量采用同一色系,按照色彩深浅不同的程度搭配,创造出和谐感。例如,穿西服如果采用灰色色系,可以由外向内逐渐变浅,深灰色西服—浅灰底花纹的领带—白色衬衫。这种方法适用于工作场合或庄重的社交场合。

(2)对比法,即在配色时运用冷暖色、深浅色、明暗色等两种特性相反的色彩进行组合,使着装色彩反差强烈,静中求动,突出个性。但运用对比法忌讳上下1/2对比,给人拦腰截断的感觉,要在身高的黄金分割点即1/3点上变换色彩才有美感。

(3)呼应法,即在配色时,在某些相关部位采用同一色彩,使其遥相呼应,产生美感。

例如在社交场合穿西服的男士讲究“三一律”,即公文包、腰带、皮鞋的色彩相同。

正装若超过三种色彩会给人以繁杂、低俗之感,要显得简洁、和谐,一般应为单色、深色且无图案。最标准的正装色彩是蓝色、灰色、棕色、黑色。衬衣的色彩以白色为最佳,皮鞋、袜子、公文包的色彩宜为深色(黑色最为常见)。

衣服色彩还要注意与肤色相配。淡黄色皮肤者对色彩没太多要求,穿不加配色的黑色衣裤,则会显得更加动人。皮肤较黑的人,要尽量避免穿深色服装,红色、黄色的服装比较合适。肤色苍白呈病态的人,最好不要穿紫红色的服装,以免加重脸色的病态感。皮肤黑中透红的人,避免穿红、浅绿色服装,应穿浅黄、白色等让肤色鲜亮的服装。

3. 协调原则

一个人的穿着要与他的年龄、体型、职业和所处的场合等适应,给人和谐的美感。

(1)穿着要和年龄相协调。年轻人应穿着鲜艳、活泼、随意一些,体现出青年人的朝气和蓬勃向上。而中、老年人要注意庄重、雅致、整洁,体现出成熟和稳重。

(2)穿着要与体型相协调。根据自己的体型挑选合适的服装,扬长避短,实现服装美和人体美的和谐、统一。

一般来说,身材较高的人,上衣应适当加长,女性配以低圆领或宽大而蓬松的袖子、宽大的裙子、衬衣,色彩最好选择深色、单色或柔和的颜色。身材较矮的人,最好选择浅色的套装,上衣应稍短一些,使腿比上身突出;服装款式以线条简单为宜,上下颜色应保持一致。体型较胖的人应选择小花纹、直条纹的衣料,最好是冷色调,以达到“瘦”的效果;款式力求简洁,以V形领为最佳,略收中腰,后背扎一中缝为好。体型较瘦的人应选择色彩鲜明、大花图案以及方格、横格的衣料,选择尺寸宽大、上下不同花纹、有变化的款式,质地不要太软;切忌穿紧身衣裤,也不要穿深色的衣服。另外,肤色较深的人穿浅色服装,会显得健美;肤色较白的人穿深色服装,更能显出皮肤的细洁柔嫩。

(3)穿着要和职业相协调。例如,教师、公务员一般要穿着庄重一些,不要打扮得过于时尚;医生穿着要显得稳重;青少年学生穿着要朴实、大方、整洁,不要过于成人化;演员、艺术家则可以根据他们的职业特点,穿着时尚、个性化一些。

(4)穿着要和环境相协调。上班、旅游、居家、喜庆场合着装要求大相径庭,要注意选择。

第二节　男士着装基本礼仪

一、男士着装的要求

男士职业着装首选的就是西服,得体整洁的西装,是人工作态度、价值取向、生活哲学、审美情趣的外展。男士穿西装显得彬彬有礼、潇洒大方、风度翩翩,向考官展示一位胸怀大志、事业心强的职业人形象。

【案例4-1】

约翰.T.摩劳斯(美)曾做过一个实验:他在纽约联合国总部安排了一位演员,让其使100名秘书从他那里要回文件。在前50名秘书面前,这位演员穿着黑色破损的鞋,穿着俗不可耐的青绿色西装，系着印花棉布领带。结果，只有12人接受了他的命令。而出现在后50名秘书面前的这位演员，发型时髦，身着价格昂贵的蓝西装，白衬衣，丝质圆点花领带，脚穿名牌皮鞋。结果有42位秘书从他那里拿回了文件。

同一个人为何穿不同服装影响力截然不同？可见，个人形象在社交中的地位不容小觑。

男士与客户见面时可以穿有领T恤和西裤，使自己显得随和而亲切，但要避免穿着牛仔裤，以免显得过于随便。如果是去客户的办公室，则一般要求穿西装，因为这样会显得庄重而正式。在所有的男士服装中，西装是最重要的衣着，得体的西装穿着会使你显得神采奕奕、气质高雅、内涵丰富、卓尔不凡。

西装：选择西装，最重要的不是价格和品牌，而是包括面料、裁剪、加工工艺等在内的许多细节。在款式上，样式应简洁，注重服饰的质料、剪裁和手工。在色彩选择上，以单色为宜，建议至少要有一套深蓝色西装。深蓝色显示出高雅、理性、稳重；灰色比较中庸、平和，显得庄重、得体而气度不凡；咖啡色是一种自然而朴素的色彩，显得亲和而别具一格；深藏青色比较大方、稳重，也是较为常见的色调，比较适合黄皮肤的东方人。另外，西装的穿着还要注意与其他配件的搭配。

穿着职业服装不仅是对服务对象的尊重，同时也使着装者有职业自豪感、责任感，是敬业、乐业在服饰上的具体表现。规范穿着职业服装的要求是整齐、清洁、挺括、大方。

(1)整齐：服装必须合身，袖长至手腕，裤长至脚面，尤其是内衣不能外露；不挽袖，不卷裤，不漏扣，不掉扣；领带、领结与衬衫领口的吻合要紧凑且不系歪；如有工号牌或标志牌，要佩戴在左胸正上方，有的岗位还要戴好帽子与手套。

(2)清洁：衣裤无污垢、无油渍、无异味，领口与袖口处，尤其要保持干净。

(3)挺括：衣裤不起皱，穿前要烫平，穿后要挂好，做到上衣平整、裤线笔挺。

(4)大方：款式简洁、高雅，线条自然流畅，便于接待服务。

图4-1　男士穿着西装要求

男士穿着西装以自然、干净、整洁、得体为宜。正式商务场合中，男士着装不宜华丽、鲜艳(图4-1)。男士穿着西装的具体要求如下。

(1)拆除衣袖上的商标。在正式穿西装之前，切记将它们先行拆除，西装的档次不是看牌子，而是看穿出来的感觉。不要为了显示西装的牌子，故意不拆，那样只会让别人嗤之以鼻。

(2)熨烫平整。要让西装看上去美观大方，就要对其进行认真的熨烫，使西装显得平整而挺括，线条笔直。

(3)扣好纽扣。扣子的扣法也很重要，通常讲究“扣上不扣下”的原则。双排扣西装应全部扣好；单排两扣西装可以扣最上面一颗，或者全不扣；单排三扣西装可以扣上面两颗，也可以扣中间一颗，或者全不扣；单排四扣可以扣上面三颗，也可以扣中间两颗，或者全不扣。在正式场合，男士起立时应扣好纽扣，当坐下时，可以将单排扣的西装纽扣解开。

(4)用好衣袋。西装上衣两侧的口袋只作装饰用,不可装物品,否则会使西装上衣变形。西装上衣左胸部的衣袋只可放装饰手帕。有些物品,如票夹、名片盒可放在上衣内侧衣袋里,裤子口袋亦不可装物品,以求臀位合适,裤形美观。

(5)穿好衬衫。衬衫为单色,领子要挺括,不能有污垢、油渍。衬衫下摆要放在裤腰里,系好领扣和袖扣。衬衫衣袖要稍长于西装衣袖0.5~1cm,领子要高出西装领子1~1.5cm,以显示衣着的层次。衬衫为单色,领子要挺括,不能有污垢、油渍。从衬衣到领带到西装颜色应该有层次,由浅及深,西装衬衫下摆要放在裤腰里,系好领扣和袖扣。衬衫衣袖要稍长于西装衣袖0.5~1cm,领子要高出西装领子1~1.5cm,以显示衣着的层次。在正式的商务场合,白色的衬衫永远是最佳选择!

(6)穿好皮鞋。穿西装一定要穿皮鞋,而且裤子要盖住皮鞋鞋面,搭配正装西装的皮鞋,应该是黑色系带牛皮鞋。不能穿旅游鞋、轻便鞋或布鞋、露脚趾的凉鞋,也不能穿白色袜子和色彩鲜艳的花袜子。男士宜着深色线织中筒袜,切忌穿半透明的尼龙或涤纶丝袜。

(7)讲究规格。西服有两件套、三件套之分,正式场合应穿同质、同色的深色毛料套装。两件套西服在正式场合不能脱下外衣。按习惯,西服里面不能加毛背心或毛衣。在我国,至多也只能加一件V字领羊毛衫,否则会显得十分臃肿,破坏西服的线条美。

(8)注重礼仪。西装不同于休闲装,不穿就罢了,穿上身就要非常讲究,穿着西装时要非常注意自己的语言、行为、姿态,这样穿上西装才会显示大度、热情奔放。请记住,多数场合都不要把你的手插在裤子口袋里。另外,正式的商务场合只能穿着深色西装,浅色西装只能作为商务便装来穿着,如图4-2、图4-3所示。

图4-2　穿着深色西装(一)

图4-3　穿着深色西装(二)

(9)系好领带。西装脖领间的V字区最为显眼,领带应处在这个位置的中心,领结要饱满,与衬衫的领口要吻合;系好后下端正好触及腰上皮带扣上端,这个长度最为标准。

领带夹一般夹在衬衫第三颗与第四颗扣子间。西装系好纽扣后,不能使领带夹外露。

①领带的搭配选择。

黑色西服:采用银灰色、蓝色或红白相间的斜条领带,显得庄重大方,沉着稳健。

暗蓝色西服:采用蓝色、深玫瑰色、橙黄色、褐色领带,显得纯朴大方,素净高雅。

乳白色西服:采用红色或褐色的领带,显得十分文雅,光彩夺目。

灰色西服:采用砖红色、绿色、黄色的领带,别有一番情趣。

米色西服:采用海蓝色、褐色领带,更能显得风采动人,风度翩翩。

②领带的打法。将领带大头在右,小头在左,大头在上,小头在下,并且以大头端的长度大约是小头端长度的3倍的比例交叉在颈前。常见打法如下。

平结:适用于各种材质,注意领结下方所形成凹洞需两边均匀对称,男士选用最多。

交叉结:适用于单色素雅且较薄的质料,可以展现流行感。

双环结:第一圈稍露出于第二圈之外,适合年轻上班族。

温莎结:适用于宽领,多向横向发展,要避免材质过厚,打得过大。

③打领带结有三点技巧:

第一,要端正、挺括,外观上呈倒三角形。

第二,收紧领结时,有意在下面压一下,使其看起来美观、自然。

第三,领带结的具体大小要与所穿的衬衫领子的大小成正比。

需要说明的是,穿立领衬衫时不宜打领带,穿翼领衬衫时适合扎蝴蝶结。

领带:懂得自我包装的男士非常讲究领带的装饰效果,因为领带是点睛之笔。除了颜色必须与自己的西装和衬衫协调好之外,还要求干净、平整不起皱。领带长度要合适,打好的领带尖应恰好触及皮带扣上端,领带的宽度应该与西装翻领的宽度相协调。

衬衫:领型、质地、款式都要与外套和领带相协调,色彩上注意和个人特点相符合。纯白色和天蓝色衬衫一般是必备的。注意领口和袖口要干净。

袜子:宁长勿短,以坐下后不露出小腿为宜。袜子颜色要和西装协调,深色袜子比较稳妥,因为浅色袜子只能配浅色西装,不宜配深色西装。另外,如若袜子与西装颜色反差太大,坐下时,客户的注意力难免会被“与众不同”的袜子吸引了去,不利于双方交谈。

鞋子:鞋的款式和质地的好坏也直接影响到男士的整体形象。在颜色方面,建议选择黑色或深棕色的皮鞋,因为这两种颜色的皮鞋是不变的经典,浅色皮鞋只可配浅色西装。无论穿什么鞋,都要注意保持鞋子的光亮及干净,光洁的鞋会给人以专业、整齐的感觉。

饰品:对男士来说,在正式商务场合中,首饰只能佩戴戒指,戒指的佩戴要格外注意,只能佩戴不超过一枚的戒指,而且应该是婚戒,佩戴在无名指上。项链、耳环、手镯等都不适合职场男士。另外佩戴一款典雅庄重的腕表,是商务男士最佳的选择。

二、男性穿着西装禁忌

(1)是西装还是棉被——衣料选择不当、不注意熨烫、口袋鼓鼓囊囊、袖口留着标签,怎么看都不体面。

(2)许多男士误以为穿线条松垮、有大垫肩的西装,才能撑得起男子汉的架势。其实,一套西装要穿得体面,最为重要的就是合身。在合身的前提下,再综合自己的脸型、身高和肩宽等因素来选择西装。

(3)西装讲究线条平顺,穿西装时口袋里的东西尽量精简为佳,最好只装一个钱包。切忌在西裤上别着传呼机和手机、大串钥匙,这会破坏西装的整体感觉。

(4)在西装的搭配中,袜子也是体现男人品味的细节。袜子的质地应为棉质。标准西装袜的颜色是黑色、褐色、灰色、蓝色,以单色或简单的提花为主。要注意使西裤、皮鞋和袜子三者的颜色相同或接近。袜口不可以暴露在外。

第三节　女士着装基本礼仪

一、女士着装的要求

女士在正式场合着装，以裙装为佳。在裙装中，套裙是首选，在多数人眼里，套裙与职业女装直接画上了等号。一套正规的套裙，一般是由一件女式西服上衣和一条短裙构成的，也有一件女式西服上衣和一条无袖背心裙，或者是背心、短裙及一件女式西服上衣构成。一般而言，套裙要同色同质的素色高档面料，较少使用饰物和花边进行点缀，裙子以窄裙为主，裙长及膝或过膝。

【案例 4-2】

有位女秘书是财务方面的行家，有很好的学历背景，常能提出很好的建议，在公司里表现一直非常出色，但她到客户公司提供服务时，对方主管却不太注重她的建议。一位时装师发现端倪：这位女秘书 26 岁，身高 147cm，体重 43kg，着会主装，看起来机敏可爱，像个 16 岁女孩，外表实在缺乏说服力。时装师建议她着装要强调出学者的气质，着深色套装，用对比色的上衣、丝巾、镶边帽子来搭配，再戴上黑色的眼镜。女财务专家照办了。结果，客户的态度有了较大的转变，很快她成为了那家公司的董事之一。

这个案例生动地告诉我们：女士在商务场合，必须关注自身的形象，通过服饰塑造良好的职场形象，从而增加在职场竞争的砝码。

职业女士着装要注意的除了上文中已提及的服装配色外，还有以下几点：

(1)版型选择。常见的女士套裙有以下四种版型：

H 型：上衣较为宽松，裙子也多为筒式。这样一来，上衣与下裙便给人以直上直下，浑然一体之感。这种版型会使着装者显得优雅、含蓄和俊朗，也可以为身材肥胖者掩饰缺陷。

X 型：上衣多为紧身式，裙子则大多是喇叭形。实际上，它有意识地以上紧下松来突出着装者纤细的腰部。此种版型的套裙轮廓清晰生动，可以体现着装者较好的身材，使其看上去婀娜多姿、楚楚动人。

Y 型：上衣为宽松式，裙子多为紧身式，并且以筒式为主，总体感觉上松下紧。一般来说，它意在掩饰着装者上半身的短处，同时表现下半身的长处。这种版型的套裙往往会令着装者看上去亭亭玉立、端庄大方。

A 型：上衣多为紧身式，裙子则为宽松式。此种上紧下松的版型，既能体现着装者上半身的身材优势，又能适当地掩饰其下半身的身材劣势，还在总体上显得松紧有致，富有变化和动感。

(2)套裙的搭配衣物。套裙的搭配主要考虑衬衫、内衣、鞋袜的选择是否得当。

①衬衫。面料：轻薄、柔软，可采用真丝、麻纱、府绸、罗布、花瑶布、涤棉等。

颜色：以单色为佳，除了白色，其他颜色不宜过于鲜艳，与所穿套裙的颜色相互协调。

注意事项：

a. 衬衫的下摆必须掖入裙腰之内，不得任其垂挂于外，或在腰间打结。

b. 纽扣要全部扣好,除最上端的一颗可按惯例不扣之外,其余要扣好,不能随意解开。

c. 公共场合,不可随意脱下外衣,直接将衬衫穿在外面,特别是穿紧身、透明的衬衫时,更要注意。

②内衣。内衣是女士"贴身的关怀",除柔软贴身、大小合适外,还要能烘托女性线条。面料以纯棉、真丝为宜。颜色多选用白色、肤色、粉红色等。

③鞋袜。鞋袜被称为"脚上风光",选择鞋袜时,应当以皮鞋和丝袜为主。在颜色上,黑色皮鞋和皮肤色的连裤袜最为正统,也可以选择与套裙色彩一致的皮鞋。鞋子在与套裙搭配穿着时,款式以高跟、半高跟的船型皮鞋为主,不宜采用系带式皮鞋和丁字式皮鞋。在正式场合,皮靴和皮凉鞋也不宜与套裙搭配。女性穿套装最好备用一双丝袜。

女士穿皱巴巴的衣服会让人觉得你很邋遢,而平整的衣服使你显得精神焕发,所以应保持衣服熨烫平整。建议购买服装时咨询服装店员,多选择一些不易起皱的衣料。

女士职业着装要求(图4-4、图4-5)如下。

图4-4　女士职业着装要求(一)

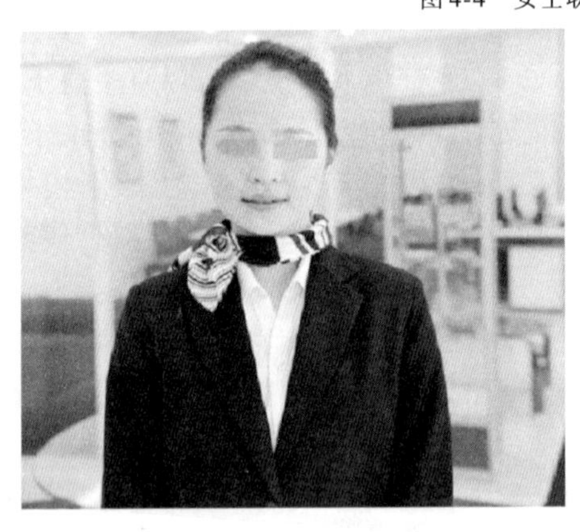

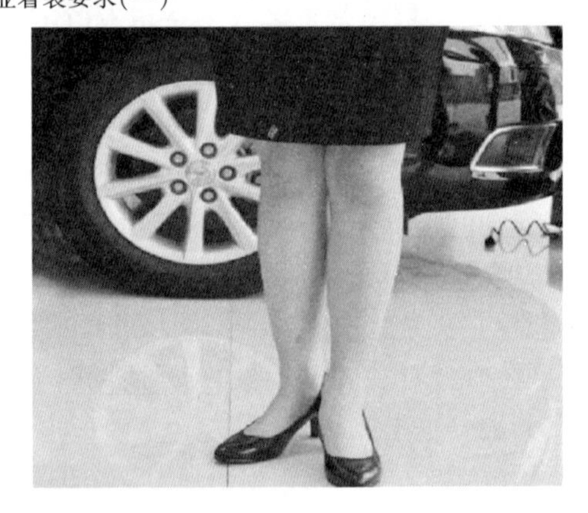

图4-5　女士职业着装要求(二)

(1)整齐。服装必须合身,袖长至手腕,裤长至脚面,裙长过膝盖,尤其是内衣不能外露,衬衫的领围以插入一指大小为宜,裤裙的腰围以插入五指为宜。不挽袖,不卷裤,不漏扣,不掉扣。领带、领结、飘带与衬衫领口的吻合要紧凑且不系歪,若有工号牌或标志牌,要佩戴在左胸正上方,有的岗位还要戴好帽子与手套。

(2)清洁。衣裤无污垢、无油渍、无异味,领口与袖口处尤其要保持干净。

(3)挺括。衣裤不起皱,穿前要烫平,穿后要挂好,做到上衣平整、裤线笔挺。

(4)大方。款式简练、高雅,线条自然流畅,便于岗位接待服务。衬衫应轻薄柔软,色彩与外套和谐。内衣的轮廓最好不要从外面显露出来。衬裙应为白色或肉色,不宜有任何图案。裙腰不可高于套裙裙腰而暴露于外。商界女士所穿的用以与套裙配套的鞋子,宜为皮鞋,并以棕色或黑色牛皮鞋为上品。袜子不可随意乱穿。所穿的袜子,可以是尼龙丝袜或羊毛袜。千万不要将健美裤、九分裤等裤装当成袜子来穿。

袜子以透明、近似肤色或与服装搭配得当为好。夏季可以选择浅色或近似肤色的袜子,冬季的服装颜色偏深,袜子的颜色也可以适当加深。女性的销售代表应在皮包内放一双备用丝袜,以便当丝袜被弄脏或破损时可以及时更换,避免尴尬。在此提醒各位女士注意,切勿穿着勾丝的丝袜,那会使你的小腿非常"显眼"。

二、饰品要适量

已经选好服装了,虽不至于老气横秋,可总还觉得过于成熟,少了青春朝气。如果着装里有个亮点,兴许能使人眼前一亮。听说饰物有很好的画龙点睛作用,却又不敢轻易尝试,怕反而弄巧成拙。唉,真不知道到底选什么配饰好,也不知道这些饰物在佩戴时有些什么讲究呢?

巧妙地佩戴饰品能够起到画龙点睛的作用,给女士们增添色彩。但是佩戴的饰品不宜过多,否则会分散对方的注意力。佩戴饰品时,应尽量选择同一色系。佩戴首饰最关键的就是要与你的整体服饰搭配统一起来。

饰物,是人们在着装的同时选用、佩戴的装饰性物品,如首饰、手表、手链、丝巾、手套、背包、眼镜等,对服装起着辅助、烘托、陪衬、美化的作用。饰物与服装、化妆一起被列为人们装饰形体、美化形象的三大法宝。在社交场合,饰物还发挥着重要的交际功能:它是无声的语言,体现了佩戴者的喜好、学识、阅历、修养和审美情趣,暗示了佩戴者的身份地位、财富及婚姻状况等。因此,职场人士一定要注意饰物的佩戴原则和方法。

1. 饰品佩戴的原则

1)数量

饰物佩戴讲究以少为佳,一般首饰不超过三件,同一种类的饰物佩戴不应超过两件。有的职业或岗位一件也不允许佩戴。对于男性工作人员来说,不必佩戴任何饰物。

2)质地

饰物佩戴讲究同质。帽子、手套、围巾要求质料相同;各种首饰力求质地相同;镶嵌饰品力求镶嵌物的质地和配材相同,总体保持协调。

3)色彩

饰物佩戴要讲究同色。手表、眼镜、腰带的颜色力求同一色系或色彩接近;搭配的首饰在质地相同的基础上力求色彩一致。

2. 饰品佩戴的方法

1)项链

项链是受到女性青睐的主要首饰之一。它的种类很多,大致可分为金属项链和珠宝项链两大系列。佩戴项链应和自己的年龄及体型相协调。如脖子细长的女士佩戴仿丝链,更显玲珑娇美;年龄较大的妇女适宜选用粗实成熟的项链。佩戴项链也应和服装相吻合,例如:身着柔软、飘逸的丝绸衣裙时,宜佩戴精致、纤巧的项链,显得妩媚动人;穿单色或素色服装时,宜佩戴色泽鲜明的项链,在首饰的点缀下,服装色彩可显得丰富、跳跃。

项链要与脸型相搭配。脸部清瘦且颈部细长的女性,戴单串短项链,脸部就不会显得太瘦,颈部也不会显得太长了。

脸圆而颈部粗短的女性,最好戴细长的项链,如果项链中间有一个显眼的大型吊坠,效果会更好。

椭圆形脸的女性最好戴中等长度的项链,这种项链在颈部形成椭圆形状,能够更好地烘托脸部的优美轮廓。颈部漂亮的女性可以戴一条有坠的短项链,突出颈部的美丽。

2)耳环

耳环是女性的主要首饰,其使用率仅次于戒指。佩戴时应根据脸型特点来选配耳环。如圆形脸不宜佩戴圆形耳环,因为耳环的小圆形与脸的大圆形组合在一起,会加强"圆"的信号;方形脸也不宜佩戴圆形和方形耳环,因为圆形和方形并置,更相形见绌。

身材短小的人,戴蝴蝶形、椭圆形、心形、圆珠形的耳环,显得娇小可爱。

方形脸适宜佩戴圆形或卷曲线条吊式耳环,可以缓和脸部的棱角。

圆形脸戴上"之"字形、叶片形的垂吊式耳环,在视觉上可以造成修长感,显得秀气。心形脸宜选择三角形、大圆形等纽扣式样的耳环。三角形脸最好戴上窄下宽的悬吊式耳环,使瘦尖的下颌显得丰满些。

戴眼镜的女性不宜戴大型悬吊式耳环,贴耳式耳环会令她们更加文雅漂亮。耳环与肤色的配合不容忽视。肤色较白的人,可选用颜色鲜艳一些的耳环。若肤色为古铜色,则可选用颜色较淡的耳环。如果肤色较黑,选戴银色耳环效果最佳。若肤色较黄,以古铜色或银色的耳环为好。

3)手镯与手链

手镯与手链是一种套在手腕上的环形装饰品,它在一定程度上,可以使女性纤细的手臂与手指显得更加美丽。

选戴手镯时应注意,如果只戴一个手镯,应戴在左手上。若戴两个手镯,可每只手戴一个,也可都戴在左手上,这时不宜戴手表。若戴三个手镯,应都戴在左手上,不可一手戴一个,另一手戴两个。手链一般只戴一条。

手镯与手链不是必要的装饰品,因此职业妇女在工作时无需佩戴,也最好不戴。出入写字楼,戴手镯,很有点不伦不类,容易被人取笑。

4)皮包

平拿式皮包豪华、时尚,使用这种皮包能够充分体现出女性的职业、身份、社会地位及审美情趣。普通休闲式的平提式皮包适合一般外出使用,比较考究的皮质皮包多为职业女性使用。注意皮包的款式、颜色要与服装相配。

一般而言,男士皮包、皮带、皮鞋色彩要统一。女士皮包也有讲究,女式包有装饰和容纳两个功能。上班一般用大包,可以把上班必备的东西都放在里面。小提包比较适合整体造型搭配,如出席晚宴和团体活动,女士穿着礼服、小提包可以成为一个漂亮装饰物。

5)丝袜

丝袜的色泽应讲究,职业女性在政务或商务场合内只能穿肉色丝袜,休闲及着便装时选择丝袜的颜色就应与所穿的服饰相协调。需要注意的是,穿着有明显破损或脱丝的丝袜是相当不雅的。另外,丝袜的袜口不应低于裙子的下缘,在穿迷你裙时,最好穿连裤袜,以免袜口外露。

6)戒指

戒指应与指形相搭配。

手指短小,应选用镶有单粒宝石的戒指。如橄榄形、梨形和椭圆形的戒指,指环不宜过宽,这样才能使手指看来较为修长。

手指纤细,宜配宽阔的戒指,如长方形的单粒宝石,会使玉指显得更加纤细圆润。

手指丰满且指甲较长,可选用圆形、梨形及心形的宝石戒指,也可选用大胆创新的几何图形。

戒指一般只戴在左手,是沉默的语言,暗示佩戴者的婚恋状况。戒指戴在中指上,表示已有了意中人,正处在恋爱之中;戴在无名指上,表示已订婚或结婚;戴在小拇指上,则暗示自己是一位独身者;戴在食指上,表示无偶或求婚。有的人手上戴了好几个戒指,炫耀财富,这是不可取的。

7)手表

手表过去是一种品位的象征。配合需要和自我风格来选择陪衬手腕的时尚饰物,已经成为一种生活的享受及喜悦,超薄系列手表配搭混合了不同布料、装饰、银及金属,质感、皮革及颜色等,变成意想不到的组合,完全迎合现今瞬息万变的生活模式需求。现在女性很少有人戴手表,如果一定要戴,请务必戴品位较高的手表。

在正式场合,成年女士如果佩戴手表,不要花哨。造型亲奇的手表适合青少年,在形状上应当庄重、保守,色彩上一般选用单色手表,稀奇古怪、多种图案的手表使人看上去不成熟。

8)丝巾、胸针、胸花等饰物

在选择此类饰物的颜色与造型时,要看与服装搭配在一起的效果,更要看是否符合个人的气质和风度。

工作场合漂亮的服装和配饰都很重要,但工作场合不是表现个性的地方,一切配饰简约为上,宁可不戴,不可滥戴。艺术性强、民族特色浓的首饰,能免则免。出席社交场合,与礼服相搭配的首饰可以是全套的项链、耳环,会有非常明显的装饰效果。着套装时饰品规格相比礼服来说要小些,所以饰品佩戴要简单点。要努力让首饰为服装画龙点睛,锦上添花。

不同的职业在佩戴饰品时有不同的讲究:

(1)工人、职员佩戴首饰要尽量简洁。醒目的戒指、粗大的手镯、晃动的耳坠都会给操作带来不便,甚至会酿成事故,尽量避免。

(2)教师在授课时不宜佩戴首饰,以避免分散学生注意力,影响教学效果。幼儿园老师佩戴饰品,要注意饰品不能有尖角、棱角,以免伤到儿童。

(3)文艺工作者可以选择凸显个性、艺术性较强的首饰,在生活中不自觉地发挥着“领导新潮流”的作用。

(4)医务工作人员,尤其是接触病人的医护人员和手术室工作人员,应尽量避免佩戴首饰,保持皮肤的清洁,防止细菌滋生,有益于自身及他人的健康。

三、女性穿着禁忌

夏季,有的女士会穿着"清凉"的服饰,这些服饰的确为炎热的夏日增添了一道亮丽的风景。但是,这样的服装并非适合所有的场合。在正式场合如果穿着过露、过紧、过短和过透的衣服,如短裤、背心、超短裙、紧身裤等,就容易分散客户的注意力,同时也显得你不够专业。除此之外,还要注意切勿将内衣、衬裙、袜口等露在外衣外面。

穿着居家便服很舒适,但是在公共场合这样穿则显得非常失礼了。在家里或宾馆的房间接待来客和客人时,绝对不要只穿睡衣、内衣、短裤或浴袍。这点对男士也同样适用。

总之,穿着职业服装必须做到整洁、笔挺、大方。所谓整洁,是指服装必须搭配合理,衣裤无污、无油渍、无异味;所谓笔挺,是指衣裤不起皱,上衣平整、裤线笔直;所谓大方,是指衣服款式简练、高雅,线条自然流畅。

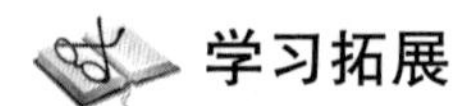

学习拓展

一、领带打法

1. 平结(图 4-6)

这是最常见的领带打法之一,简遍大方,容易学会。

图 4-6　平结

2. 双交叉结(图 4-7)

这样的领结很容易让人有种高雅且隆重的感觉,适合正式的活动场合选用。该领结应多运用在素色且丝质领带上,若搭配大翻领的衬衫不但适合且有种尊贵感。这种结适合个子矮小的男士,它适合意大利领和稍细的领带且简单易做。

图 4-7　双交叉结

3. 交叉结(图 4-8)

这是对于单色素雅质料且较薄领带适合选用的领结,对于喜欢展现流行感的男士不妨多加使用"交叉结"。

图 4-8　交叉结

4. 双环结(图 4-9)

一条质地细致的领带再搭配上双环结颇能营造时尚感,适合年轻的上班族选用。该领结完成的特色就是第一圈会稍露出于第二圈之外,可别刻意给盖住了。

图 4-9　双环结

5. 温莎结公爵结(图 4-10)

引起潮流的 Windsor 结是种非常英国式的漂亮领带结法。它体积大,因此适合系在分得很开的衣领上(例如意大利衣领)和很细的领带上。这种结要非常对称地打才能成功。操作起来有点复杂。

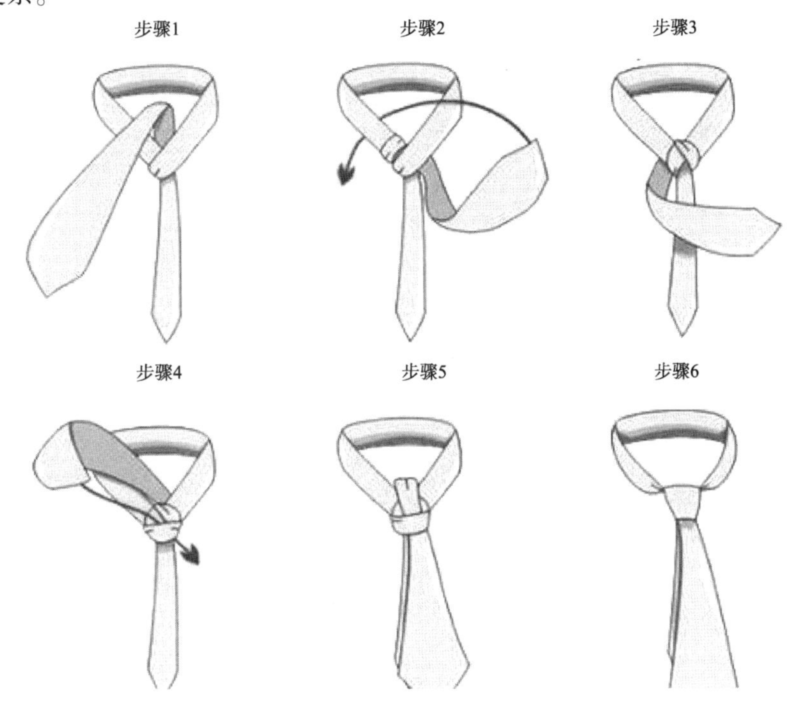

图 4-10　温莎结公爵结

6. 亚伯特王子结(图 4-11)

适用于浪漫扣领及尖领系列衬衫,搭配浪漫质料柔软的细款领带,正确打法是在宽边先预留较长的空间,并在绕第二圈时尽量贴合在一起即可完成此一完美结型。

7. 浪漫结(图 4-12)

浪漫结是一种完美的结型,故适合用于各种浪漫系列的领口及衬衫,完成后,将领结下方的宽边压以褶皱可缩小其结型,窄边也可将它往左右移动,使其小部分出现于宽边领带旁。

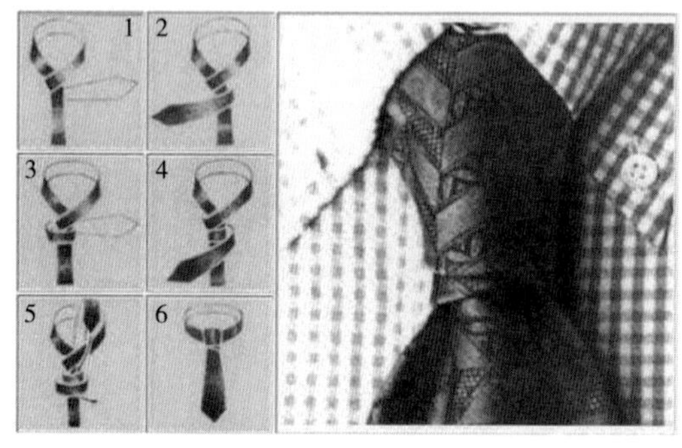

图 4-11 亚伯特王子结完成图

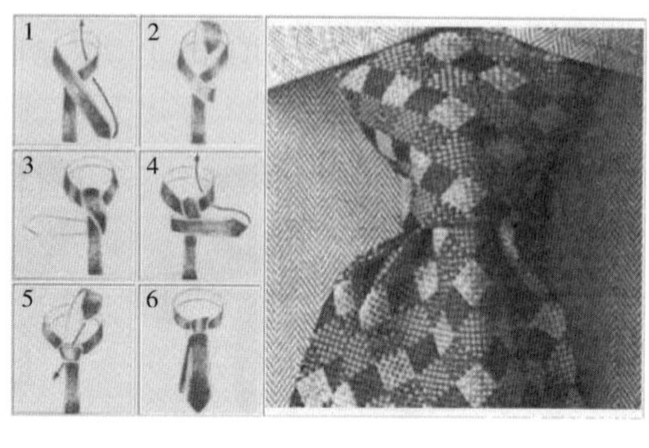

图 4-12 浪漫结完成图

8. 简式结(马车夫结)(图 4-13)

适用于质料较厚的领带,适合打在标准式及扣式领口的衬衫,将其宽边以 180°由上往下翻转,将折叠处隐藏于后方,待完成后,可再调整其领带长度,是最常见的一种结形。

9. 十字结(半温莎结)(图 4-14)

此款结型十分优雅及罕见,其打法也较复杂,使用细款领带较容易上手,最适合搭配在浪漫的尖领及标准式领口系列衬衣。

话说好马配好鞍,好服饰得有个好的搭配,不会搭配还得多学习男装搭配知识。

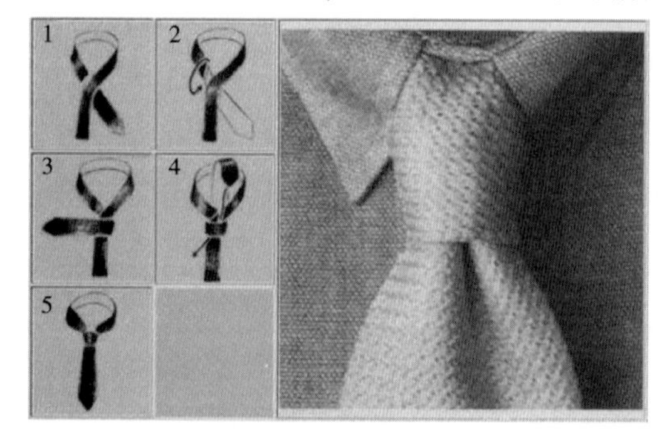

图 4-13 简式结完成图

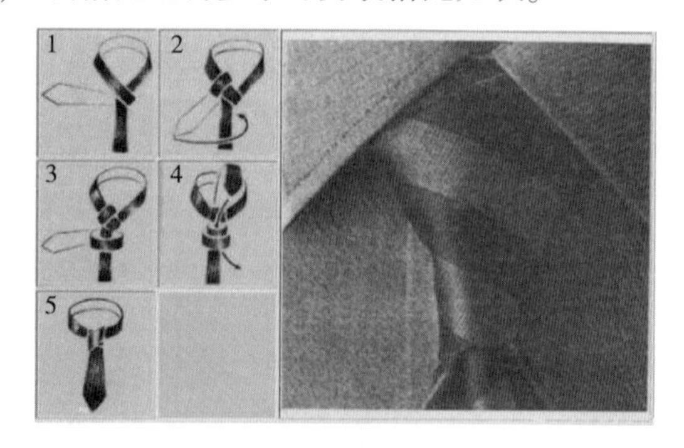

图 4-14 十字结完成图

二、丝巾打法

1. 巴黎结(图 4-15)

利用重复对折将方巾折出领带型,绕在颈上打个活结,将上端遮盖住结眼,并将方巾调整至适当位置。

图 4-15　巴黎结

2. 领带结(图 4-16)

将方巾对折再对折成领带型,较长的 a 端绕过较短的 b 端,穿过方巾内侧向上拉出,穿过结眼由下拉出,并调整成领带型。

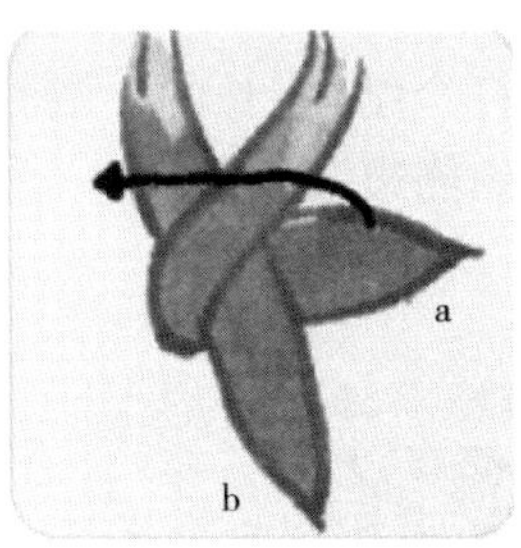

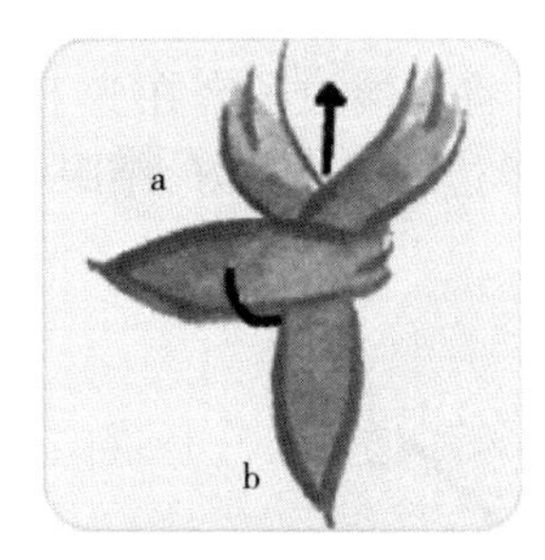

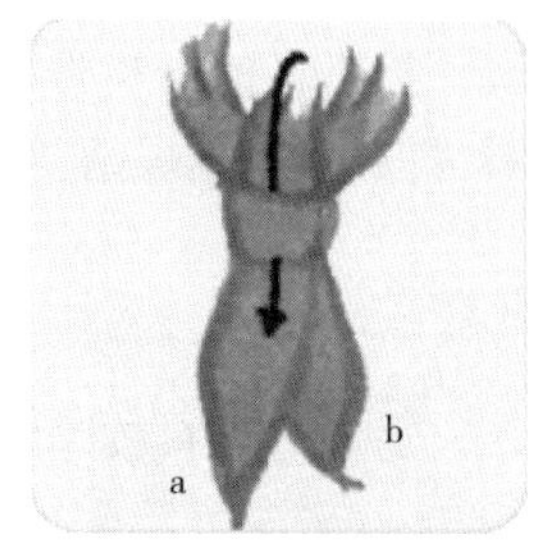

图 4-16　领带结

3. 西班牙结(图 4-17)

将方巾对折再对折成三角形,三角形垂地面在前方,两端绕至颈后打结固定,调整正面折纹层次,就完成了。

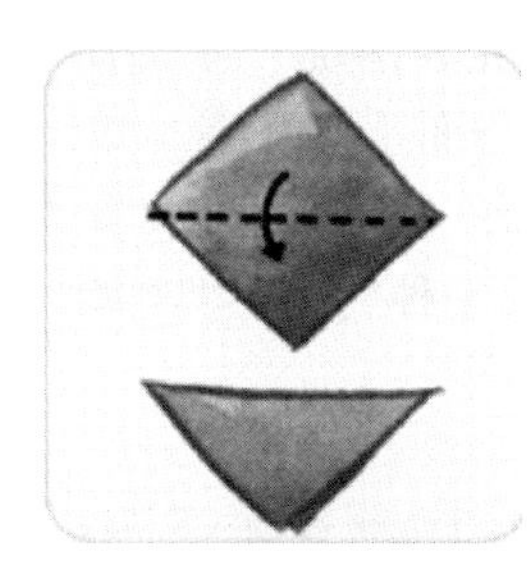
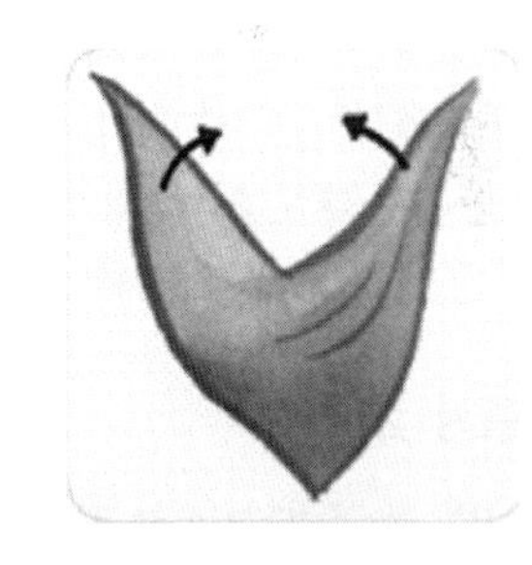

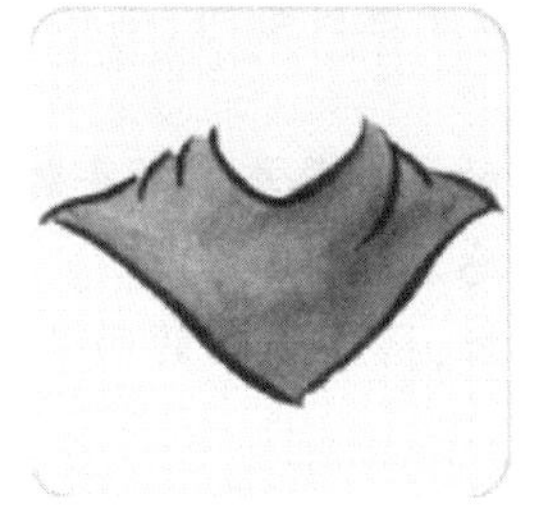
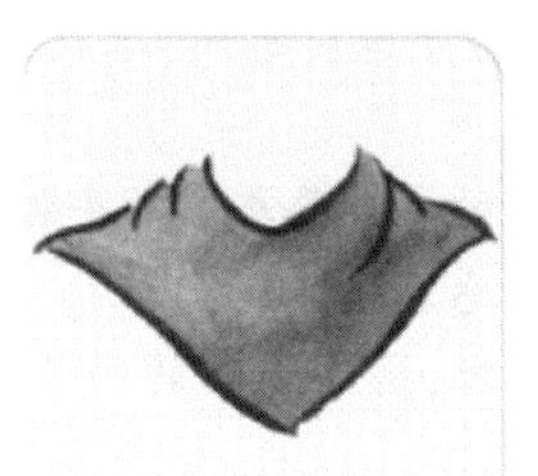
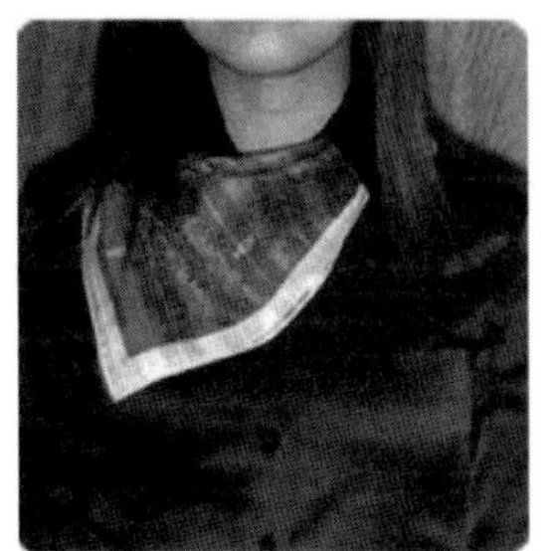

图 4-17　西班牙结

4. 海芋结(图 4-18)

将方巾重复对折,稍微扭转后绕在颈上,重复打两个平结,并让两端保持等长,将两端分别置于胸前及肩后。

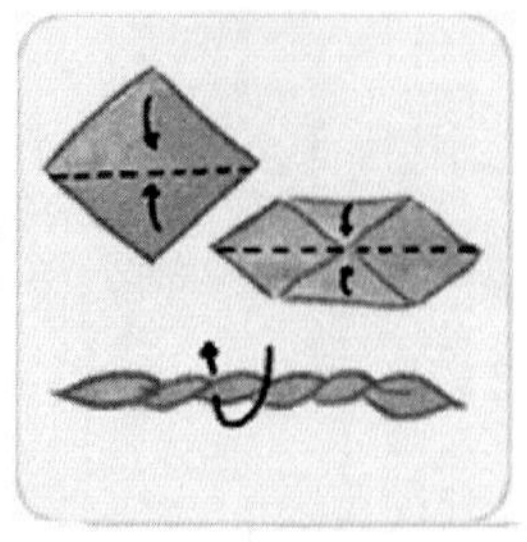
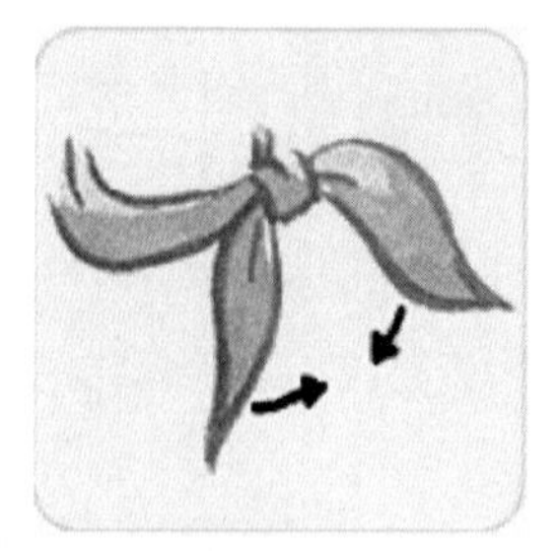

图 4-18　海芋结

5. 凤蝶结(图 4-19)

折出斜角口长带后,将 a 端拉长套在头上,打个结,将长的 a 端打个圈,短的 b 端绕过圈,打出单边蝴蝶结,将单边蝴蝶结拉好,结眼移到侧边,调整形状。

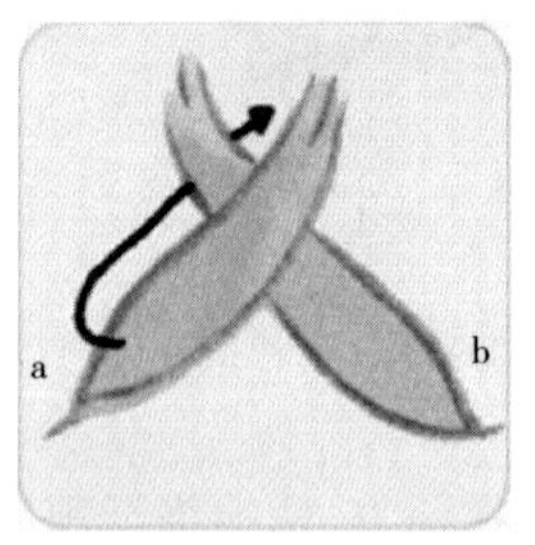

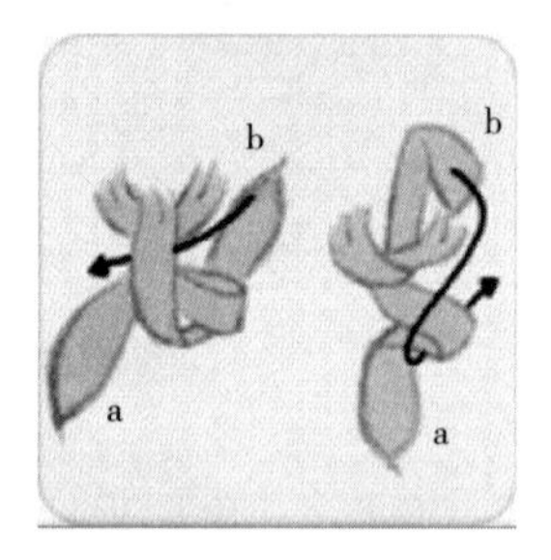

图 4-19　凤蝶结

服饰美是外在美,要与内在的修养和谐统一才会让人感觉如沐春风。只在乎外在美而忽略内在美的修炼,必然会让人产生华而不实之感。如一位性格活泼的姑娘,身穿裘皮大衣在路边与他人手舞足蹈地高声谈笑,旁若无人,让人看了很不舒服。尽管裘皮大衣高贵华丽,但与姑娘的行为极不相称,她给人一种“张扬”“毛躁”的感觉。

 本章小结

1. “TOP”是英文“time(时间)”、“place(地点)”、“occasion(场合)”三个单词的缩写,着装的“TPO 原则”是指人们的穿着打扮要适应时间、地点、场合的需要,这是世界通行的着装打扮的基本原则。

2. 所谓穿着的协调,是指一个人的穿着要与他的年龄、体形、职业和所在的场合吻合,表现出一种和谐,这种和谐能给人以美感。

3. 男士职业着装首选的就是西服,得体整洁的西装,是人工作态度、价值取向、生活哲学、审美情趣的外展。

4. 女士在正式场合着装,以裙装为佳。在裙装中,套裙是首选,在多数人眼里,套裙与职业女装直接划上了等号。

复习思考题

1. 什么是TOP原则？
2. 领带有几种打法？
3. 丝巾有几种系法？
4. 男士穿着西装有哪些禁忌？

第五章　汽车服务人员语言礼仪

学习目标

1. 了解汽车服务人员声音的基本运用；
2. 掌握汽车服务人员的语言训练；
3. 掌握汽车服务人员的语言技巧；
4. 掌握沟通话术。

第一节　汽车服务人员声音的基本运用

在商品销售活动中，经营者与生产者、经营者与消费者之间形成了一种特殊关系，而形成和维系这种关系，靠的就是语言。在商贸谈判、产品推销、技术引进、销售服务中，都是语言在起作用。而这种作用的发挥，在整个商务活动中，从接近客户到向客户宣传产品、解除疑虑，直到最后成交，都离不开销售语言。销售语言，其特定的使用情境、使用对象，决定了它除具有一般的语言特点之外，还具有以下特征。

一、语音、语气、语速

语气：语气亲切，态度自然诚恳，体现出专业而不“职业”的风格。

音量：音量适中、悦耳，以客户听清为宜。

语速：语速适中，一般每分钟吐字约 120 ~ 160 个，具体可配合客户的需求，如对年纪较大的客户，可适当放缓语速。

声调：自然、清晰、柔和、多用升调。

简单概述为：①说话时吐字清晰；②说话声音确保客户听到；③语音柔和、要有顿挫、禁止说话过于娇气；④语气起伏不要太大；⑤复述客户的问题时，语速放缓，语气平和；⑥语句简洁，适当停顿；⑦语速以 120 字/min 为佳，如客户表示未听清楚，则语速可放慢 1/3。

二、称谓用语

(1) 男士一般称“先生”，女性年轻者可称“小姐”。

(2) 知道客户的姓氏时，可称“××先生/××小姐”。

(3) 对第三者，要称呼“那位先生/那位小姐”。

礼貌用语

三、问候语和结束语

1. 问候语释义

(1) 日常问候语:

①vip 和全球通客户:"您好！很高兴为您服务"。

②预付费品牌客户:"您好！请讲"。

(2) 节日个性化问候语:指在节日期间使用节日问候语。如春节使用"新年好"问候语。

(3) 日常结束语:"谢谢您的来电,再见"等类似结束语。

(4) 周末结束语:"祝周末愉快,再见"、"祝生活愉快,再见"等类似结束语。

2. 问候语应用时间

(1) 节日个性化问候语。

【注】节日个性化问候语优先于日常问候语。

(2) 周末结束语的应用时间段为:每周的星期六、星期日全天(00:00 ~ 24:00)。

(3) 除第(1)、(2)点以外的时间为日常问候语应用时间段。

四、音量调整用语

(1) 需要客户提高音量:抱歉/对不起,我听不清您的声音,您的声音可以大一些吗？谢谢(如果仍听不清,重复此句)。若仍听不清楚则"对不起,您的电话声音太小,请您换一部电话再打来,好吗？(停留 3 ~ 5s)谢谢您的来电,再见"。

(2) 客服人员提高音量:抱歉/对不起,您看我的声音可以大一些吗？(提高音量前要征得客户的同意)

五、听不懂方言

(1) 第一步:抱歉/对不起,先生/小姐,打断您一下,您方便讲普通话/粤语吗？谢谢！

(2) 第二步:(如果还是听不懂对方的意思)用探询性的方式去引导客户,如:您说的是 × × 的问题是吗？用提问的方式来寻找客户的需求。

(3) 注意:如果是方言特别严重的客户,建议受理时可询问客户周围是否有朋友会讲普通话/粤语,请其朋友帮助转述客户的问题。

六、查询服务用语

(1) 查询问题等待语。"您的问题我需要做进一步查询,请您稍等。"得到客户认可后按静音键,若在 1 ~ 2min 内不能回复客户时,应返回"对不起,关于您询问的问题还需一点时间查证,请您稍等。"若客户不愿等待时可与客户约定回复时间。

(2) 查询后服务用语。"感谢您的耐心等候!"、"对不起,让您久等了"等语言。

(3) 要求指定工号提供服务/转接到指定工号服务用语。

客服代表首先引导客户将问题交由自己处理,参考引导口径:"先生/小姐,请您把情况告诉我，让我来为您解决。"

请引导客户阐述问题：

①成功引导客户阐述问题，则按现行相关流程与规范做好客户服务。

②在引导过程中，客服代表应主动核查客户工单记录，主动向客户叙述工单问题，确认是否需要处理。

七、客户要求找领导/负责人服务用语

客服代表首先引导客户将问题交由自己处理，参考引导口径："先生/小姐，请您把情况告诉我，让我来为您解决。"

引导客户阐述问题：成功引导客户阐述问题，则按现行相关流程与规范做好客户服务；此类客户致电投诉客服代表主动挂线，先核查来电原因备注，做好客户安抚工作，并引导客户阐述问题为之解决，无需落单投诉该客服代表。

八、服务过程相关用语

(1)当问题需要补充或服务出错更正时：

"您好，对于刚才的问题我还有一些内容需要补充。"

"对不起/很抱歉，刚才所说的××应是××"

"对不起，刚才我的解释有误，请允许我重新解释。"(或相似的话语)，无论客户的态度如何，要诚恳接受客户的批评，始终以礼待人。

(2)与客户交谈时应善于倾听，弄清问题。若没有听清，可用征询的语气向客户询问："×先生/小姐，对不起，我没有听清楚您的问题，请您再复述一遍好吗?"(或相似的话语)，不可无故打断客户说话。

(3)客户提出建议时，要虚心接受，并表示感谢。对于能够及时改进的建议，可回答："谢谢您的建议，我(们)(会/一定)(加以)改进。"(或相似的话语)；否则，可回答："谢谢您的建议，我已经记录下来了，并会向相关部门反映。"(或相似的话语)。

(4)客户提出表扬、道谢时，应表示谦虚："不客气，这是我们应该做的"，做到不骄不躁。

九、处理原则

(1)耐心解释并安抚客户，服务态度要良好，不得推诿、搪塞，也不能不作任何解释，直接回绝客户。原则上，不能说类似"按照××规定，这项业务不能办理。"的话语(不良信息服务规范除外)。

(2)对于客户不接受解释的情况，不再落[投诉申告]类工单交综援员处理，由客服代表按业务规则/流程解释引导三次后礼貌挂线(不能作出回复客户的承诺)，并在备注中注明原因。

(3)记录客户意见信息提交直接答复工单(主题：用户建议→客户对业务规范/流程不满答复单)，综援室收集客户意见反馈给有关部门，不再联系客户。

(4)此类客户致电投诉客服代表主动挂线,先核查来电原因备注与工单记录,若备注核实客户的服务需求与现行相关规范有矛盾后,无须落单投诉该客服代表,做好客户安抚与解释即可。

(5)对于此类话务的主动挂机下发的满意度调查,将从满意度考核数据中剔除。

十、解释参考口径

(1)先生/小姐,您的××(客户的需求)因为×××目前不能办理/无法处理。我已记录您的建议进行反馈,非常感谢您对我公司的支持。当客户坚持不肯挂机,则道结束语,礼貌挂机处理,在[来电原因—业务咨询—其他—主动挂机]填写备注。

(2)电台、电视台或媒体记者。当电台、电视台或媒体记者要求采访时,直接解释:您好,您的问题需由我们相关专业部门同事回答,我们已将您的需求转交相关同事,我们的同事将在稍后与您联系,请您耐心等待。感谢您对我公司的关注与支持,谢谢!

解释完毕后,请直接落单处理,执行《工单催办流程》(落单主题:东莞中心业务—地市—客户服务预约)

十一、服务忌语

严禁使用服务忌语,做到"五个不说":

(1)有损害客户自尊心和人格的话不说。

(2)埋怨客户的话不说。

(3)顶撞、反驳、教训客户的话不说。

(4)庸俗骂人的话及口头禅不说。

(5)刺激客户、激化矛盾的话不说。举例但不受限于如下:

①对客户直呼:喂、嘿。

②责问、训斥或反问客户:

a. 什么怎么样?为什么?什么?说什么?怎样?您说什么?

b. 你到底在说什么?你不是要查什么吗?

c. 你到底要不要听我说?你听不听我说?

d. 你问我,我问谁?我态度怎样啦?

e. 我不是跟你说得很清楚了吗?

f. 别人跟你说的?别人怎么知道?

g. 干嘛还不挂机?

十二、服务用语规范

(1)开场白。

①"您好,很高兴为您服务"。

②元旦及传统新年期间:"新年好,很高兴为您服务!"

③五一及国庆长假期间:"节日好,很高兴为您服务!"

(2)电话接通,对方无人接听。

①微笑重复:"您好! 请讲!"

②如果仍听不到客户的回应,很可能是电话机或对方线路出现问题,可告诉客户:"感谢您的来电! 但我听不到您的声音,麻烦您稍后再拨,再见!"然后挂机。

(3)客户声音太小、信号不好或周围环境太吵,听不清楚。

①如果电话机的音量已调到最大,仍然听不清时,你可以微笑着提醒客户:"很抱歉,我听不清您的声音,请您再大声一些好吗?"

②如果仍听不到客户的回应,很可能是电话机或对方线路出现的问题,可告诉客户:"很抱歉! 我还是无法听清您的声音,麻烦您换一部电话机或稍后再拨。感谢您的来电,再见!"停顿2s,然后挂机。

(4)电话接通客户仍在拨号。出现这种情况,很可能是客户不清楚电话已接入人工系统,应该亲切告知客户:"您好! 电话已接通,请进!"

(5)骚扰电话。

建议可采用以下方式:"请您使用文明语言。"或"好抱歉,我们不提供此项服务,请问您还有其他问题吗?"如对方仍持续使用骚扰性语言,"请您使用文明语言,再见!"(挂断电话)

(6)用户提出你声音大小。

①可以将话筒往嘴边拉近一点,并稍微提高音量,确认客户能够听清了:"请问您现在可以听清吗?"

②如果声音已经足够大,客户仍无法听清时:"很抱歉,(××先生/女士),我的音量已经调到最大了。"

(7)没听清用户讲话。

①如果只是个别字没有听清,你可以与客户进行确认:"请问您的意思是……吗?"或者"您是说……,对吗?"

②如果完全没有听清,应用征询的语气向客户询问:"我没有听请您的讲话,您能再重复一遍吗? 谢谢!"

(8)通话过程中咳嗽或打喷嚏或其他状况影响到通话。

①应当立即向客户道歉:"非常抱歉……"

②如果因此而没有听清客户的讲话,可以微笑着请客户再说一遍。

(9)关于客户的称谓。当得知客户姓氏后需要使用客户姓氏称呼,如:"张先生/李女士……"

(10)客户不理解你的话语。

①要立即查找客户不理解的原因,如果是因为使用了过多的专业术语造成的,应该用通俗易懂的语言作解释:"很抱歉,可能是我没有说清楚。(重新说明)"

②如果客户对某个专业术语不理解,应当敏锐地觉察出来并立即作进一步的解释:"……指的就是……"

③如果客户对业务理解错误,应当委婉地纠正客户:"很抱歉,可能是我刚才没有解释清楚,是这样……"

④如果客户听不懂普通话,且特别要求使用方言,这种情况下,可以用方言受理(视本省

要求而定）。

（11）解答过程中客户无任何回应。

①在解答过程中，你应时刻留意客户的反应。如没有任何回应，则有可能是解答的速度太快，这时，应关切地问客户：“（××先生/女士），您看还有什么不明白的地方吗？”

②如果客户没有任何回应，可能是没有留意你的解答，可以以委婉的方式提醒客户：“（××先生/女士），请问您能听清吗？”以集中注意力。

（12）发现自己回答错误/不完全，需要纠正。

①如果你意识到提供信息有误，应该立即向客户致歉，诚恳接受客户的批评，不得强词夺理：“很抱歉，刚才我的解释有些欠缺，应该是……”

②如果刚才的解释不够完整，应该诚恳地告诉客户：“很抱歉，刚才的问题请容许我再补充一下……”

（13）需要客户记录。

①查询到客户要的信息：“您查询的×××的电话为……请您记录。”

②查询到深度信息：“您查询的×××的地址（其他信息）为……。”

③如果客户身边没有纸或笔，应当给客户时间去准备，切不可只顾自己说完，不管客户是否准确记录下来。

④如果数字很长，应当以3~4位数停顿一次、重复，并在记录完毕后与客户确认。

（14）复述用户问题。

“（××先生/女士），您刚才的问题是……，对吗？”

（15）当客户提出对公司的意见或建议时。

感谢客户提出的意见和建议：（××先生/女士），非常感谢您为我们提供的宝贵意见，我们将尽快向有关部门反映，希望您继续对我们的服务给予关注和支持。”

（16）客户表示感谢。

“不客气，这是我们应该做的。”

（17）客户误拨打电话。

“您好，这里号码是百事通，您需要拨打哪里的电话，我可以帮您查一下。”

（18）电话在线/转接标准应对。

①在线查询问题，需要请用户等待。先讲明原因并征询客户意见：“（××先生/女士），马上为您查询，请稍等。”（在客户同意后按“保持/静音”键，并迅速处理问题。）

②接线电话转回。等待时间达到15~20s未查询到结果：“您好！我正在帮您查询，请您再稍等一会，谢谢！”

在查询到结果后，应立即按下“恢复”键，进入与客户通话状态：“（××先生/女士），感谢您的耐心等待，……”

③转接电话标准用语。转接号百专席——“为您转接号码百事通××专席，可以吗？”

得到客户同意后，客服代表：“请稍等”并转接。一般情况下话务转接——“马上为您转接，请稍等。”

（19）没有查到客户询问的信息。

①基础信息：“感谢您的耐心等待，您的问题我们暂时没有相关登记信息，请问您是否需

要同行业其他商家的电话?”客人表示需要,则提供同行其他商家电话。客人表示不需要:“您的问题我们需要到相关部门进行查询。请留下您的联系方式,查到后尽快与您联系,好吗?”

②深度信息:“对不起,您要查的××信息我们没有登记,但可以提供给您商家电话,请问您需要吗?”(114查询不到客户深度信息,但询问是否需要提供商家电话)

(20)投诉处理的标准应对。

①客户投诉过程中,表示同情心的话术:“您的心情我完全能够理解/遇到这种情况是会着急。”

②表示安慰的话术:“您不要着急/您不要生气/我们一定会尽快为您处理。”

(21)结束前用语。

①用户尚有问题。

客服代表:“请问您还需要其他帮助吗?”

客户:“我还想问问你们那个……是怎么回事?”

客服代表:(提供服务……)

②用户没有问题。

客服代表:“请问您还需要其他帮助吗?”

客户:“没有了。”

客服代表:话术转至“结束语”。

③结束语。

“祝您愉快,再见!”

(若逢节假日)“祝您××节快乐! 再见!”

(不同业务可根据所提供具体业务类型完成结束语,但须包含以上内容)。在系统语音放号的情况下,直接提醒“请您记录号码,祝您愉快,再见”,停2s,客户无异议则进行放号。

十三、服务禁忌和服务禁语

服务禁忌和服务禁语如下:

(1)讲话时轻易打断客户说话。

(2)在客户挂机前挂机。

(3)在客户通话过程中与同事交谈。

(4)通话过程中出现较长时间冷场(例如超过5s)。

(5)精神萎靡,态度懒散。

(6)与客户发生争执。

(7)责问、反问、训斥或谩骂客户。

(8)与客户交谈时态度傲慢。

(9)与客户闲聊或开玩笑。

(10)不懂装懂,搪塞、推诿客户。

(11)频繁使用口头禅、非礼貌性语气助词(如:喽、嘛等)。

(12)拖腔、语气生硬、顶撞客户。

(13)通话时打呵欠、吃东西。

第二节　汽车服务人员的语言训练

语言,是人类特有的用来表达思想、交流情感、沟通信息的工具。运用语言进行认知和交往活动,是人类特有的能力。

一、语言的概率

语言具有狭义和广义两个概念。

狭义的语言,是指有声的语言,即口语,通常称之为“说话”。它是由语音、语义、词汇、语法等要素构成的表情达意的结合体。

广义的语言,不仅包括口语,还包括用文字记录下来的口语,即书面语,以及伴随口语而出现的体态动作,即体态语。

二、语言的作用

1. 传递信息

信息是一种在利用中不断增值的永久资源。在社会生活中,人们通过语言实现信息的交换和利用,从而创造新的价值,促进社会文明的发展。

2. 交流思想

语言是思想的直接实现。在人际交往中,语言是思维的物质外壳,借助于语言这个媒介,人们可以相互传达认知、陈述见解、交换看法,或者进行独立思考、深入分析、广泛理解和综合判断。

3. 表达情感

在人际交往过程中,通过信息传递和思想交流,交际双方都会产生一定的情感体验。它表现为感情共鸣和情感排斥两种状态。

三、常用的服务语言

有声的服务语言主要是指服务人员的口语,它具有直接、准确、迅速及易于理解的特点。

1. 称呼

称呼是指当面招呼对方,以表明彼此关系的名称。根据各民族习惯、语言、社会制度的不同,对服务对象的称呼也要不同。按照服务礼仪的规则,服务语言中的称呼要注意以下几点:

(1)初次见面的服务对象,用“您”而不是“你”以示谦虚与礼貌。

(2)通常对男士称“先生”,对女士称“小姐”或“女士”。

2. 问候语

服务人员应当对进入服务范围的服务对象主动进行招呼和问候。问候是服务语言中的重要环节。作为问候语,服务人员应当根据见面时的情景和彼此的关系进行互相问候。一般来说,服务语言中的问候语有:“您好”、“你好”、“早上好”、“下午好”、“晚安”等。

问候语要求简明,不受场合的约束,给服务对象以亲切之感。问候时服务人员应当面带微笑,表情自然、和蔼、亲切。在服务对象对服务人员发出问候时,要热情予以回应,不能毫无反应和表示。

3. 感谢语

当服务对象予以服务人员帮助和配合时,服务人员应当对服务对象表示感谢。一般使用的感谢语言有:“谢谢”、“麻烦您了”。非常感谢时,根据实际情况还可以说明原因。

4. 道歉语

当服务对象的需求无法予以满足,或者招待不周等情况下,服务人员应当及时地进行道歉。一般使用的道歉语言有:“对不起”、“很抱歉”、“真是不好意思”等。同时,服务人员的语言要谦和,态度要恭敬。

汽车营销人员的基本服务语言见表5-1。

汽车营销人员的基本服务语言　表5-1

服务用语	要　求	情景图例及用于举例
迎宾用语	当客户进门时,汽车销售人员应当主动迎接,以表示对客户的尊重。同时,可以配合体态语言进行招呼引导。如:面带微笑,对客户点头致意等。 基本用语一般为肯定语句	基本用语:“请进,欢迎光临我们专卖店!”“您好,欢迎光临!”“请坐,我给您介绍一下这个车型的优点”
友好询问用语	汽车销售人员和客户进行交流时,应当尽量采用征询、协商或者请教的口气,鼓励客户讲话,从中获得客户实际需要的信息。 基本用语一般为疑问语句	基本用语:“请问您怎么称呼?”“我能帮您做点什么?”“您是自己用吗?”“如何是的话您不妨看看这辆车。”“我们刚推出一款新车型,您不妨看看。不耽搁您的时间的话,我给您介绍一下好吗?”“请问您是第一次来吗?是随便看看还是想买车”“好的,没问题,我想听听您的意见行吗?”
招待介绍用语	汽车销售人员对客户进行招待和介绍时,对客户提出的疑问和需求应当耐心解释,正确引导客户,用语要多运用叙述的方式进行表达	基本用语:“请喝茶,请您看看我们的资料”。 “关于这款车的性能和价格有什么不明白的请吩咐。”“我现在就您所关心的问题给您做个介绍,您看可以吗”“请慢用”
道歉用语	针对不同的实际情况而使用。对客户服务不周到,应对客户说“对不起”或“对不起,请原谅”。 让客户等候之前应说“对不起,请稍候”;让客户等候之后应说“对不起,让您久等”。 未能立即为客户提供服务或客户需要的产品不能立即到位时,应对客户致歉并予以解释	基本用语:“对不起,这款型号的车辆已卖完,等新车一到我立即通知您。”“不好意思,您的话我还没有听明白。”“有什么意见,请您多多指导。”“介绍得不好,请多原谅”

续上表

服务用语	要　　求	情景图例及用于举例
恭维赞扬用语	对客户的赞美语言必须因人而异,因时而异。赞美客户要有的放矢,投其所好。汽车营销人员的态度要真诚,内容适度恰当	基本用语:"像您这样的成功人士,选择这款车最合适的""先生(小姐)真有眼光……""您是我见过的对汽车最熟悉的客户了。""先生(小姐)真是快人快语,您给人的第一印象就是干脆利落。""您太太(先生)这么漂亮(英俊),真让人羡慕"
送客道别用语	根据客户在现场的情况不同进行。当客户结束消费和活动离开时,汽车营销人员必须将客户送至门口,应说:"再见,请走好\请慢走,欢迎您再次光临。"对于没有进行购买只做参观咨询的客户,应说"再见,认识您很高兴等"	基本用语:"请您慢走,多谢惠顾,欢迎您下次再来" "有什么不明白的地方,您可以随时打我电话。""买不买车没有关系,能认识您我很高兴"

第三节　汽车服务人员的语言技巧

服务工作是汽车营销工作过程中的一个重要环节。面对各种各样的客户,这项看似很平常的工作环节,实际上却关系到企业的形象、信誉以及进一步发展的问题。因此,汽车营销人员必须采取积极的态度,讲究营销服务艺术,尤其要注意服务语言的使用技巧,把"主动、热情、耐心、周到"贯穿到整个营销服务的每一个环节,努力提高汽车营销服务工作的水平。

一、如何做到谈吐文雅

语言是社会交际的工具,是人们表达意愿、思想感情的媒体和符号,语言也是一个人的道德情操、文化素养的反映。在与他人交往中,如果能做到言之有礼,谈吐文雅,就会给人留下良好的印象;相反,如果满嘴脏话,甚至恶语伤人,就会令人反感讨厌。言之有礼,谈吐文雅,主要有以下几层含意。

(1)态度诚恳、亲切。说话本身是用来向人传递思想感情的,所以说话时的神态、表情都很重要。例如,当你赞美客户时,如果嘴上说得十分动听,而表情却是冷冰冰的,那对方一定认为你只是在敷衍而已。所以,说话必须做到诚恳和亲切,才能使对方对你说的话产生表里一致的印象。

(2)用语谦逊、文雅。如称呼对方为"您"、"先生"、"小姐"等;用"贵姓"代替"你姓什么",用"不新鲜"、"有异味"代替"发霉"、"发臭"。如你在一位陌生人家里做客需要用厕所时,则应说:"我可以使用这里的洗手间吗?"或者说:"请问,哪里可以方便?"多用敬语、谦语和雅语,能体现出一个人的文化素养以及尊重他人的良好品德。

(3)声音大小要适当,语调应平和沉稳。无论是普通话、外语、方言,咬字要清晰,音量要适度,以对方听清楚为准,切忌大声说话;语调要平稳,尽量不用或少用语气语,使听者感到亲切自然。

总之,语言文明看似简单,但要真正做到并非易事。这就需要我们平时多学习,加强修养,使我们中华民族“礼仪之邦”的优良传统,能得到进一步的发扬光大。

二、服务场合当中的语言规范

1. 接、送用语规范

服务部最好的接待用语是:“您好,请问有什么可以帮到你”;送别客户的时候的送别用语:“再见”、“您慢走”。

2. 称呼用语的规范

称呼是人们在正常交往应酬中,彼此之间所采用的称谓语,在日常生活中,称呼应当亲切、准确、合乎常规。正确恰当的称呼,体现了对对方的尊敬或亲密程度,同时也反映了自身的文化素质。在服务场合,一般来说对男士可以用“先生”,也可在“先生”前冠以姓氏。对德高望重的长者,可在其姓氏后加“老”或“公”,如“郭老”、“林公”,以示尊敬。为了表示庄重和尊敬,有时也可以按职业相称,如“老师”、“师傅”等,也可以职务、职称、学衔相称,如“孙部长”、“卢经理”、“温主任”等。女子则根据婚姻状况而定,对已婚的女子称“夫人”、“太太”或“女士”,对未婚的女子称“小姐”。如不明其婚姻状况,以称“小姐”、“女士”为宜。

3. 应答用语的规范

在服务工作中,经常会遇到对方来电或用其他方式来询问事情。怎样回答他人的询问,体现了一个人的礼貌修养。首先,答询用语要求热情有礼,认真负责,耐心帮助客户,无论客户有什么问题,服务人员都不允许用不耐烦的口气同客户对话。如果有人在服务台向你询问,我们应暂放下手中的事情热情接待。其次,回答问话应耐心、细致、周到、详尽,直到对方听明白为止。再次,当被问到不了解的情况时,应向对方表示歉意,或者帮助找其他人解答,不可敷衍应付或信口开河。在回答客户询问时,切忌以不耐烦的语气打发客户,例如:“不知道!”“你去问别人”等。

当客户对服务人员的服务表示满意或直接对服务人员进行口头表扬和感谢时,一般应该谦虚地说“请不必客气”、“这是我应该做的”、“您过奖了”“您太客气了”等;如果客户因故向我们致歉,则应该说“不要紧”、“不必不必”、“没有关系”、“我不会介意”等。

关于文明用语和服务语言的规范还有很多,服务人员一定要在实践工作中不断总结和运用,慢慢养成一种文明礼貌的习惯,这样就可以以不变应万变,给客户留下一个良好的印象。注意文明礼关键还要牢记并多用“十字用语”——请、你好、谢谢、对不起、再见。这十个字简洁明了,通俗易懂,充分体现了文明语言的基本形式。在人们交往过程中,如能经常使用这十字用语,就可以避免许多不必要的误会和摩擦。因此,文明礼貌十字用语是人际关系和谐的润滑剂,是我们中华民族精神文明的具体体现。

三、服务行业语言说话沟通技巧

1. 进门的接待技巧

言为心声。当客户进门,我们应说些什么?怎么说?这是一种艺术,一门学问。美国的售货员对挑选商品的客户,通常是礼貌地说一声,“我能帮您做些什么?”客户既没有立即要答复你"买什么"的压力,也没有被冷落的感觉。

有的专营店,客户一进门便被导购人员盯住,追问"要什么?"要知道,不一定每位到专营店的客户都是来买鞋的,而导购人员"要什么?"的潜台词则是"不买东西来干什么?""要什么?"这类生硬的问话往往一下子就把交际的双方置于单纯买卖关系之中,似乎只有买才到专营店里来,来就一定要买鞋,这样就会使那些想先看看再决定买与不买的客户,一下子难以回答导购人员的问话。不回答显然不礼貌,回答说"什么也不买"似乎不是自己的意愿,因为有时买什么东西自己也说不准。

客户进专营店,导购人员应点头微笑,问一声"你好!"这是接待客户的第一礼物。眼睛注视客户,使他感到自己受到重视,眼光顺从他的目光一起移动,当他的目光落在某款鞋上超过5s并且眼睛发亮时,可及时地问一句:"喜欢这种款式吗?"同时介绍性能、特点、价格等,还可与其他同类鞋进行比较。如果他的目光落在某款鞋上不足5s,说明他对这款鞋尚未"一见钟情"。

2. 询问的技巧

客户走近专营店,导购人员应首先与客户打招呼,这是礼貌待客的具体表现,应大力提倡。往往存在一些特殊情况,第一种情况是,主动问话反而引起客户的反感。如客户走进专营店,导购人员问一声"您买什么?"客户听到这句问话不仅不接受,反而质问导购人员:"不买还不兴我看哪",结果双方弄得都很尴尬。第二种情况是由于营业繁忙或受其他客观条件的限制和影响,有时导购人员不可能做到对每一位客户都主动问话。第三种情况是有的客户只顾看鞋,导购人员问也不是,不问也不是。在这几种情况下,导购人员正确运用掌握主动问话的技巧就显得尤为必要。

(1)握好询问时机,恰当地使用文明用语。当客户在展示架前停留时,当客户在专营店里漫步注视鞋或寻找鞋时,当客户手摸皮鞋或与其他客户商量议论时,都是导购员向客户询问的好时机。语言一定要文明、礼貌、诚恳、亲切,用恰当地称呼说好第一句话。如:先生、小姐、老大爷、小朋友,您需要什么?

(2)巧妙地使用转化语,变被动为主动。客户冲导购人员喊:"小姐,把这双鞋拿过来我看看。"导购人员应问:"您穿还是别人穿?"这句问话就属于转化语,由被动答话转为主动问话,可为整个服务过程顺利进行奠定基础。

(3)灵活机动,随机应变。导购人员向客户问话不能死盯住"先生,您买哪款?""师傅,您要什么?"不放。问话的内容要随机应变,要做到这一点,首先要求导购人员针对客户的年龄、性别、职业等特点来灵活地决定问话的内容。这种主动性问话,能消除客户的疑虑,也能迅速地了解客户的来意,为下一步的服务提供依据。其次要求导购人员要根据客户的动作和姿态来灵活地掌握问话的方式和内容。比如,当客户在用手摸皮料,导购人员便可主动答:"这是柔软羊皮""很养脚"等,掌握服务的主动权。

3. 回答的技巧

回答的技巧,主要是指针对客户对某一商品提出的疑问,导购人员所做的解释说明的技巧,其主要目的是说服客户买,却又不能露出"说服"的痕迹,这就要求导购人员以语言提高客户兴趣,化解其疑虑,使客户最终购买。

(1)掌握好迂回的技巧。对客户提出的疑问,有时不便直接回答,特别是客户对购买产生“异议”时,更不宜“针锋相对”。此时采取迂回曲折的方法从侧面进攻,可能会收到事半功倍的效果。

(2)变换句式的技巧。当客户选择某款鞋认为价格太高时,导购人员对这一问题有两种回答方法:一种是“这款鞋虽然价格稍高了一点,但质量很好”;另一种是“这款鞋虽然质量好,但价格太高了。”这两句话虽然只是前后顺序颠倒了一下,但给人的印象却完全不同。前一种说法会使客户感到这款鞋质量好,即使价格高也值得买。而后一种说法,则会使客户感到这件款鞋不值那么多钱,买了不合算,因而会大大减弱购买欲望。根据上述两种表述形式,可归纳成这样两个公式:①缺点 - 优点 = 优点;②优点 - 缺点 = 缺点。这是向客户推荐价钱高的鞋时,一般应利用公式。

(3)用“两多”、“两少”的技巧。这种技巧是指回答客户的询问时,多用请求式,少用命令式;多用肯定式,少用否定式。请求式的语言是以尊重客户为前提的,是将自己的意志以征求对方意见的形式表达出来,使客户感到亲切,从而乐意接受;而命令式语言是以客户必须服从为前提的,是强迫对方的一种行为。当客户提出导购人员无法答应的要求时,比如客户要求退换时,如果导购人员直截了当地说“不行”,就会使客户不愉快。但如果说:“请您原谅……”用和蔼的请求口吻既拒绝了客户的不适当的要求,又不至于使客户感到不愉快。肯定式是在肯定客户陈述的基础上提出自己的意见,容易被客户接受;否定式是在否定客户陈述的基础上提出自己的意见,会使客户产生一种被轻视的感觉,从而不愿意接受。例如,客户问:“这款鞋太贵了?”导购人员回答:“是贵了一些,但与其他同类鞋相比,它多了一项功能,是值得购买的。”这就是肯定式的回答。如果导购人员对客户的这一问题这样回答:“一点也不贵,您就买双吧。”这就是否定式的回答,这两种不同回答方式会对客户购买行为产生截然不同的效果。又如当客户问:“这款有棕色的吗?”导购人员回答道:“没有”。这就是否定式。如果导购人员换句话是:“是的,眼下只剩黑色,黑色稳重,您穿起来一定很帅。”这就换成了肯定式。艺术地使用肯定句式的回答方法,可给客户以亲切、可信的感觉。

4.实战模拟

销售情景1　能不能便宜点?

错误应对:

(1)价格好商量……

(2)对不起,我们是品牌,不还价。

问题诊断:

客户买东西时都会想要便宜点,这是客户的一个正常的消费心理,并不是决定他买不买的主要问题。销售人员在接待客户的时候,会面对客户成百上千的问题,但这些问题归纳分类后其实只有两种问题:真问题和假问题。我们的很多销售人员并不知道客户的问题中大多数都是假问题。客户问“能不能便宜点”就是一个典型的假问题,“能不能便宜点”只是所有消费者的一个习惯用语,作为一个老练的销售人员根本没有必要就“能不能便宜点”开始讨价还价,而是应该在客户关心价格的时候引导他关注价值。本案中的第一种回答是一种不战自溃的消极销售行为;第二种回答则是一厢情愿,强迫消费者意愿的武断行为,消费者很难接受。

销售策略：

当消费者关心价格的时候，销售人员应当因势利导，让客户关注商品的使用价值。把客户关心贵不贵改变为，值不值！

语言模板：

销售人员：先生，买东西不能只考虑便宜问题。您以前有没有用过同类的商品？那种便宜的商品可能用段时间就开始出现质量问题，比方说自行车，那种便宜的自行车骑两三个月就开始到处生锈，链条经常掉，脚踏也经常掉，骑起来很费力，除了铃铛不响，上下哪里都响。但是要是买一辆好的自行车比如捷安特，你骑两年都不用让你操任何心，骑起来又轻松。其实我们的东西和自行车一样，都是一等价钱一等货。买东西我觉得耐用性和安全性才是最重要的，您说呢？

销售人员：您如果觉得这款商品的价格不合适，我给您介绍另一款性价比更好的……

销售情景2　我今天不买，过两天再买

错误应对：

(1)今天不买，过两天就没了。

(2)反正迟早都要买的，不如今天买就算了。

问题诊断：

客户说"我今天不买，过两天再买"一定是有原因的。而本案中的两种回答，都显得有点一厢情愿，难以引起客户的共鸣。

销售策略：

销售人员只有找到客户不买的真实原因并加以正确引导，才能够让客户回心转意。

语言模板：

销售人员：今天买不买没关系呀，我可以先为您介绍一些我们产品的基本知识，等您过两天想买的时候，您就可以心中有数了嘛……

销售人员：好的，没关系。过两天您想买什么样的，是豪华款的还是简易款的？

销售情景3　我先去转转看再说

错误应对：

(1)转哪家不都一样吗？

(2)不要转了，你要诚心想买，我给你便宜点。

问题诊断：

"转哪家不都一样吗"强留客户的理由太简单，无法打动客户。"不要转了，你要诚心想买，我给你便宜点"虽然能起到一定的挽留客户的作用，但是给客户讨价还价留下了伏笔，使接下来的销售人员陷入了被动。

销售策略：

客户说"我出去转转"，这可能是一种心理战术，也可能是客户没有找到中意的，销售人员首先要判断客户是哪种情况，然后针对性地进行引导。

语言模板：

销售人员：先生，是不是对我的服务不满意？（客户一般会回答：不是，是你们的东西太贵了，先生，刚才最看中的是哪款商品？您买到一款自己喜欢商品不容易，我发展一个客户也不容易。您有什么要求,请直接告诉我,我会一定让您满意的。(如果客户回答:不是,是没有我喜欢的款)请您等一下再走好吗?您最喜欢的款是什么样子的?(等客户说完,把他带到相似的商品前……)

销售情景4　你不要讲那么多,你就说最低多少钱能卖吧

错误应对:

(1)最多只能让您20元钱,不能再让了。

(2)那就270元钱吧,这是最低价了。(报价298元,第一次还价到280元)

问题诊断:

客户说"你不要讲那么多,你就说最低多少钱能卖吧",恰好证明客户想买这款商品,这时候的销售人员应当着重介绍这款商品有哪些适合客户的地方和介绍这款商品的优越性,而不是一味地消极让价。

销售策略:

客户永远关心的是价格,而销售人员永远要演绎的是商品的价值。要让客户看到价值大于价格,让客户感受到物超所值,客户才不会也不敢一味地追求低价格。

语言模板:

销售人员:先生,价钱不是最主要的。您买一款商品至少要用几年时间,我完整给您介绍这款商品最多3min。您听我用两三分钟讲完再决定买不买也不迟,要是销售人员三言两语就叫您买,那是对您不负责任,您买回家万一后悔了,她们会把钱退给您吗?

销售情景5　今天不买,等过两天你们搞促销活动时再买

错误应对:

(1)促销活动不是人人都能有机会的。

(2)(无言以对)。

问题诊断:

本案的第一种回答,虽然比较真实,但缺少策略,无法让客户回心转意。而第二种情况则比较消极。

销售策略:

每次促销活动都有个特点:活动期限内的销量会有所增加或明显增加,但活动之前和活动过后的一段时间内,销量会很不景气,原因是活动之前的广告和宣传会使得消费者持币待购,而活动期间积聚的人气和销量也透支了活动过后相当一段时间内的销售。作为一名职业的终端销售人员最主要的职责之一就是引导每一个进店客户的正确选择和及时消费。

语言模板:

销售人员:可以的,大哥。您是怎么知道我们过两天有活动的?(等客户回答过后)哦,大哥看中了我们的哪款商品?(我想买你们搞促销活动时的那款商品)哦,大哥那您买这款商品的主要用途是什么呢?每天用到的时间是不是比较多?(一番问答之后,尽可能利用客户的生活需求否定客户购买促销商品的想法)哦,大哥我刚听您说了您对商品的使用需求,我负责任地告诉大哥,我们搞活动的商品并不适合您生活当中的需要。比如说商场里的某件服装打折,价格很是诱人,但是,促销的是男装,而且您家里人根本也不喜欢这种款型,您还需要买吗?所以搞活动的商品不一定是您需要的商品。不论花钱多少最重要的是买到适

合自己的东西,大哥,你说对不对？其实,根据大哥刚才的介绍,我觉得这款商品才是大哥真正所需要的……

销售人员:您知道我们搞促销的活动规则吗？(等客户回答后)哦,大哥您知道我们搞活动的是哪款商品吗？(等客户回答后)哦,看样子大哥对我们的活动还不是很了解。为了对大哥负责,我现在向您了解几个问题,大哥那您买这款商品的主要用途是什么呢？每天用到的时间是不是比较多？(一番问答之后,尽可能利用客户的生活需求否定客户购买促销商品的想法)哦,大哥我刚听您说了您对商品的使用需求,我负责任地告诉大哥,我们搞活动的商品并不适合您生活当中的需要。比如说商场里的某件服装打折,价格很是诱人,但是,促销的是男装,而且您家里人根本也不喜欢这种款型,您还需要买吗？所以搞活动的商品不一定是您需要的商品。不论花钱多少最重要的是买到适合自己的东西,大哥,你说对不对？其实,根据大哥刚才的介绍,我觉得这款商品才是大哥真正所需要的……

销售情景6 价格已经到底线了,但客户还是狠命杀价

错误应对:

(1)价钱我们已经让到位了,不能再让了。

(2)再让我们就没钱赚了。

(3)我销售人员只有这个权限给您这个价了。

问题诊断:

有时不是客户不相信价格,而是找不到“买单”的台阶。本案中销售人员的三种回答都存在一个共同的问题:直白而且对立的话语容易使销售人员和客户双方都陷入不肯让步的死胡同。

销售策略:

一个优秀的销售人员除了了解客户外在的需求更要了解客户的内在需求。客户需要购买物美价廉的商品,这是每个销售人员都明白的常识,但是客户除了有花最少钱买最好东西的需求外,还有渴望被尊重、被赞美,渴望安全感的需求却不是每个销售人员都能领悟的。本案中的销售人员激发和满足客户的潜在需求是本案成功的关键。例如:去年10月份我在安徽芜湖培训期间,一家服装卖场,有一对年轻夫妻想买一款衣服,但是因20元钱讨价还价相持不下,一直到晚上六点钟都没有成交。这时候我听到那位女士轻声地自言自语地说道:就20元钱,让掉算了,天都黑了,肚子都饿死了。当时的我听到这句话后,就立即吩咐另一位店员到旁边小店去买一袋饼干,我亲手将饼干递给那位女士,对她说:价钱不是最重要的,健康更重要,别把胃饿坏了,先吃点饼干再说。当那位女士吃了3片饼干后,就再也没有坚持讨价还价了,3min之内顺利成交。本案真实地说明了,客户表面上是在讨价还价,实际上他是想通过讨价还价来证明自己是聪明的消费者,并通过这种行为寻找一种安全感。通过寻找一个公平的价格来捍卫自己应有的被尊重的地位。而我在恰当的时候,给了他关心和尊重,当客户得到了这种需求后,20元钱的讨价还价就瞬间显得不重要了。

语言模板:

销售人员:先生,我非常理解您！我也是消费者,我知道消费者挣钱也不容易,最怕就是买到一个根本不值那么多钱的东西。先生,您放心,如果您买回家发现这款商品我们给您的价格比别人贵了,我们双倍把钱退给您！如果先生还是不信的话,我可以写个证明给您。好

啦,买卖双方相互信任才是最重要的,先生,您到这边来,我先教您填三包卡。

销售人员:看得出来先生您是个特别会当家过日子的人。买东西也好,生活也好,就应该像先生一样,每分钱都该花在刀口上。如果给您的价格还有一分钱可以商量的余地,我一定不会让先生为难的。也请先生能理解我们,其实现在我们赚钱也不容易,竞争越来越激烈,利润越来越薄。可能先生没有想到我们在这里卖东西也是有经营成本的,去掉一大堆的成本和费用,我们能挣到的钱可以说是真正意义上的薄利多销了,最关键的是我们还要承担先生这一件商品以后的售后服务,三包期内好多项目都是免费的,但对我们来说都是有成本的。所以先生您买的不是一件商品而是一种信任,好啦,您跟我到这边来一下,我先教您填下三包卡,这样以后售后就有保障了。

销售情景7　销售人员建议客户试用,可客户就是不采纳

错误应对:

(1)喜欢的话,可以试一下。

(2)这是我们的新款,你可以试一下。

(3)销售人员讲完,原地不动。

问题诊断:

喜欢的话,可以试一下;这是我们的新款,你可以试一下。这两句话几乎成了中国终端销售里老生常谈的陈年用语。

问题点一,由于销售人员缺乏过硬的专业知识,只要客户在看哪款商品就说那款商品不错,只要是新款就向客户推荐,迫不及待让客户试用。这种不问客户需求的催促和推荐会导致客户的不信任。

问题点二,只说不动,没有把商品拿出来,销售人员时缺乏主动性。

销售策略:

首先要通过提问找出客户需求点,然后把握时机再建议客户试用。建议客户试用时销售人员自己要充满信心,在建议试用时要随即把商品拿出来,主动地引导客户试用。

语言模板:

销售人员:先生,根据您的日常需求、生活环境还有您的气质呢,我觉得这件商品比较适合您。为了您买回家不后悔,您不妨先试一下再说……(不等客户回答,把商品拿出来)

(如果客户不动):先生,不管您在哪家买东西,别人讲得再好,都不如您自己试一下。因为买回家是您用,不是我们用。适合您的,花的钱才值得呀……(一边讲,一边递商品,示意客户试用)

销售情景8　销售人员热情接近客户,客户却冷冷地回答:我随便看看

错误应对:

(1)没关系,你随便看。

(2)好的,看中了喊我一声。

问题诊断:

上两句话属于消极性语言,如果客户一直不吭声,我们就无法再次接近客户。

销售策略:

客户刚进店难免有些戒备,这一阶段应该是销售人员的待机阶段。待机阶段里的销售

人员要做到站好位、管好嘴,不要急于接近客户。对待“我随便看看”这种敷衍之语,要积极回应,引导客户朝着有利于活跃气氛和减轻客户心理压力的方向努力,要把客户的借口变为我们接近对方的理由,这种处理方法称作太极法。借力使力,效果极好!

语言模板:

销售人员:好的,没问题,现在买不买不要紧,先看清楚再说。您是想看豪华款、还是想看简易款? 这也是很有讲究的……

(如果客户不吭声):先生,您以前有没有买过同类的商品?

(如果客户回答买过):先生,以前买的是什么牌子的商品? 您对那个牌子哪方面最不满意?

(如果客户回答没买过):噢,第一次买是要多看看。先生买这款商品是要放家里用? 还是要放公司用? 或者是要用来送人?,您需要哪一种我给您介绍……

销售情景 9　客户很喜欢,可陪伴者说:我觉得一般,再到别处去转转

错误应对:

(1)我们的牌子是最好的,你买别人的牌子肯定没有我家的好!

(2)东西是你用,你觉得好就行。

问题诊断:

以上两句话都会得罪陪伴者,产生对立情绪。

销售策略:

陪伴者即可以成为我们的帮手,也可能成为我们的敌人,关键看我们如何运用陪伴者的力量。陪伴者不一定具有购买决定权,但具有极强的购买否决权。

第一,不要忽视关联人。客户一进店,销售人员首先要判断在陪伴者中谁是第一关联人,对他和对客户要一视同仁! 在销售过程中通过目光的接触,让关联人感受到尊重和重视;适当征询关联人的看法和建议;通过客户赞美关联人;通过关联人赞美客户。这些方法可以为销售人员在销售过程中避免关联人的消极影响打了一剂很强的预防针。

第二,给关联人和客户相互施压。当关联人为客户推荐商品时,我们也觉得不错时,我们应该这样对客户说:“这位先生,你的朋友真了解你,他给你推荐的这款确实很适合你……”这句话会给客户压力,因为她或多或少要给朋友一个面子。如果是客户自己看中了一款,我们就应该对关联人说:“这位大哥,您看您的朋友眼光真不错,这款确实对她很般配。”这句话也会给关联人压力,因为这款是客户自己看中的,加上我们前期和关联人的关系处理得也不错,此时关联人为难我们的概率就会降低。

第三,征询关联人的建议。最没水平的销售人员就是将自己和关联人的关系搞得很对立,正确的做法是适当征询关联人的意见,和关联人共同为客户做推荐。

语言模板:

销售人员:(对关联人)这位大哥,您对朋友真用心,您觉得这几款中哪一款最适合您的朋友?

销售人员:(对客户)先生,这位大哥对您真的很用心,他给你推荐的这款是我们店里最好卖的一款,确实也很适合您。

销售情景 10　客户担心特价商品质量有问题,购买时犹豫不决

错误应对：

(1)您放心吧,质量都是一样的。

(2)都是同一批货,不会有问题。

(3)都是一个牌子,不会有问题。

问题诊断：

以上空洞直白的解释,难以取得客户的信任。

销售策略：

给客户一个充分信任特价商品的理由,对客户的担心敢于负责的态度,往往非常容易取得客户的信任!

语言模板：

销售人员:这款商品打特价是因为工厂马上要推出这款商品升级版,而不是因为质量和原价商品有什么不同,您完全可以放心购买,要不您先试一下……(拿出来让客户试用)

销售情景11　我回家和老公(老婆)商量一下,考虑好后再说吧

错误应对：

(1)这款真的适合您,不要再犹豫了。

(2)那好吧,你们商量好了再来买。

(3)无言以对……

问题诊断：

第一句话给人的感觉太强势,容易招致客户的心理排斥。

第二句话显得太消极,同时给人的感觉在下逐客令。

第三种情形同样是一种非常消极的行为。

销售策略：

客户说回家考虑考虑,可能是为自己找一个拒绝的借口,也可能是客户一种真实的心理状态,我们要了解客户到底属于哪种类型,对于这类问题的处理可以从以下三个方面着手：

(1)找原因,给压力,刚柔相济。大量的终端销售案例告诉我们:适当地给客户施加压力,可以使销售人员变被动为主动,同时能进一步找到客户不买的真正原因,有利于促进成交率和销售业绩的提高。但是销售人员一定要把握好压力点,压力不可以太大,也不可以太小。压力太大会让客户逃避,太小则没有任何作用。

(2)处理客户异议,推荐立即购买。找到客户的所有异议后,就应该立即处理问题并在问题解决之后推荐客户购买。因为当客户还在店面的时候,我们可以去影响并激发其购买欲望与热情,而客户一旦离开店面我们就鞭长莫及了。所以不要轻易让客户离开,应该抓住机会进行销售。具体方法：

①给压力:告诉客户这款商品就剩这一两件了,或者优惠活动期即将结束、赠品有限,给对方营造一种紧迫感；

②给诱惑:告诉客户现在买还可以得到什么利益,告诉客户买和不买的利弊,可以增加销售的成功率。

(3)增加客户回头率。如果客户确实想与家人商量一下,这种心情我们要给予理解。即

使不能促成现场销售，我们也一定增加客户回来的概率。有研究表明，客户一旦回头，其购买的概率为70%。如何增加回头率呢？我们可以从两个方面着手：

①给面子：如果不给客户面子，即使客户喜欢也不会再回头，回头就意味着客户的软弱和没有面子。

②给印象：客户离开后可能会进入其他店铺，看许多款商品，可能会受到许多诱惑，导致最后对我们的商品没有任何印象，这非常不利于客户回头，所以在客户离开前，一定要强调我们商品的卖点，一定要给客户留下深刻而美好的印象。

语言模板：

销售人员：其实我能看得出您还是非常喜欢这件商品的，这件商品也非常吻合您的身材和气质。不过您要是回家和老公（老婆）商量一下，就没有办法给老公（老婆）一个意外惊喜了。先生听我的，您的东西您做主，您把东西带回家后，老公（老婆）一定会夸您：老婆（老公）有眼光……（一边说一边把商品递给客户的动作）

销售人员：如果您一定要回家和老公（老婆）商量一下，我也完全赞成，毕竟这也是×××钱的商品，尊重老公（老婆）的意见也是应该的。不过您和老公（老婆）商量后要抓紧回来，您看中的这款是目前市场上最畅销的一款，来迟了怕不一定会有了。为了先生回去能跟老公（老婆）讲清楚，我把这件商品的几个重要卖点先跟先生再讲一遍……（为自己创造一个重新销售的机会，寻求再次促成销售）

第四节 沟通话术

一、FAB

1. 话术特点

FAB销售话术商品说明就是介绍商品的特性、优势和给客户的利益点，这样要求营业员对客户需求和商品知识准确详细地了解，对客户进行专业、标准的商品介绍。

F（feature）是指特性，特性是什么？每个产品都有自己独特的特性，如颜色、质量、性能等，都是产品的特性。

A（advantage）是指优点，它能做什么？比如对于胶囊来说，其优点是易于吸收；对于燕窝来说，其优点就是备受追求美丽、希望永远年轻的女士喜爱。

B（benefit）是指好处、利益，它能为客户带来什么利益？事实上，特性、优点和利益是贯穿于产品的因果关系。

2. FAB使用原则

1）实事求是

在介绍产品时，切记要以事实为依据。夸大其词，攻击其他品牌以突出自己的产品都是不可取的。因为客户一旦察觉到你说谎、故弄玄虚时，出于对自己利益的保护，就会对交易活动产生戒心，反而会影响这笔生意。每一个客户的需求是不同的，任何一种产品都不可能满足所有人的需求。如果企图以谎言、夸张的手法去推荐产品，反而会导致那些真正想购买的客户产生疑虑。

2)清晰简洁

一种产品本身会包含许多元素,比如特性、成分、用法等。在介绍时可能会涉及许多专用术语,但是客户的水平是参差不齐的,并不是每一个客户都能理解这些术语。所以我们要注意在介绍时尽量用简单易懂的词语或是形象的说明代替。在解说时要逻辑清晰,语句通顺,让人一听就能明白。如果你感到表达能力不强,那就得事先多做练习。

3)主次分明

介绍产品除了实事求是、清晰简洁外,还要注意主次分明。不要把关于产品的所有信息都灌输给客户,这样客户根本无法了解到你的产品的好处和优点,那么他也不会对你的产品有兴趣了。我们在介绍产品时,应该是有重点、有主次。重要的信息,比如产品的优点、好处,可以详细地阐述;对于一些产品的缺点、不利的信息我们可以简单陈述,而且这种陈述必须是有技巧地说出来。

二、ACE 话术

1. ACE 话术特点

ACE 分别指认可,比较,提升。

(1)认可:认同客户提出的问题。

(2)比较:拿自己的产品与其他产品比较。

(3)提升:说出自己产品出色的优点,并让客户接受。

2. ACE 比较话术

客户:A4 车的空间比 C 级车的空间大?

销售:请问金小姐您是指汽车头部空间还是腿部空间或是侧边比我们大?客户:腿部和侧部?

认可:“金小姐您说得没错,A4 车的膝部空间确实比我们的 C 级车大了一点。

比较:但只比我们多了一个拳头那么大的空间,您看我们的前排座椅的后面特意为我们的客户留出了凹入时的腿部空间设计,您看腿部放到里面是不是感觉很舒适,再说到我们的侧部空间,我们这款 C 级车的侧门板采用的是加固防撞设计,厚度是 10cm,而 A4 车是 9cm,侧门我们比 A4 车多了 1cm,我们侧部还有防撞钢梁,在车辆受到侧面撞击时,对人身体的伤害就会比较小,相比较 A4 车而言,我们在侧部的安全方面显得比 A4 车突出,您说是吧!

提升:再说,金小姐您买车不只是因为空间一个因素才买的吧。我们这款 C 级车有很多的亮点,您看您经常拉着女儿上下学和家人一起开车游玩,驾驶的舒适性和操控性也是您考虑的吧?客户点头?销售:“那让我首先为您介绍一下奔驰 C 级车的舒适性吧”。

三、CPR 话术

1. CPR 话术特点

C——说明:客户有异议时,请客户清楚地说明疑虑所在。通过开放式提问,帮助你正确理解客户的疑虑,表现出你对客户的关心。

P——复述:完全理解客户的异议后,再用自己的话复述客户的疑虑。使他们重新评估自己的疑虑,进行修改或确认。

R——解决:通过上述两步,你可以捕捉到更多信息,并为自己赢得时间,从而更好地应对客户的异议。

2. CPR 话术基本原则

(1)事前做好准备。

(2)选择恰当的时机。

(3)争辩是销售的第一大忌。

(4)销售人员要给客户留面子。

3. CPR 话术事例

客户 1:为什么发动机罩的支撑杆不是液压的?

服务顾问 1:

(说明):是这样,看来您观察得很细致。

(复述):本车没有采用液压支撑杆是有原因的。

(解决):为了保护安全,Tiguan 的发动机罩钢板很厚重,现有的液压支撑杆不能很快的将其支起,并起到很好的支撑作用,容易产生危险,所以采用了传统的支撑方式。它并不影响您的使用,毕竟不是每天都要用。您说对吗?

顾客 2:车身加长之后会不会影响安全呀?

服务顾问 2:

(说明):看来您对车身安全非常看重,同时您提的问题也很在行。

(复述):加长后的车身会不会影响车辆安全,这就要说说车辆的焊接工艺。

(解决):由于在加长帕萨特车型上取得的成功,使我们在加长车身制造技术上积累了丰富的经验,同时加长后的车身采用了激光焊接的技术及超刚性的复合钢板,保证了整车的连接强度,在 E - NCAP 侧面碰撞 Tiguan 获得满分。

顾客 3:为什么使用韩泰的轮胎?一点都不高档。

服务顾问 3:

(说明):您对车辆品质的追求真实精益求精呀,就连轮胎品牌也如此的看重。

(复述):大部分的豪华 SUV 也都是用的韩泰轮胎。

(解决):您知道吗?作为全球知名的轮胎供应商,韩泰轮胎一直以耐磨、安全性高而著称,Tiguan 装配的高性能轮胎,进一步提高了安全性、驾乘稳定、噪声低,越野性能良好,在干湿路面均表现出众。这款轮胎也在 BMW X3 等高端 SUV 上广泛应用。是只不错的轮胎。

四、售后服务顾问接待常用应对话术

(1)抱怨汽车耗油高。

应对话术:

①经济油耗是指在特定的测试条件下(无风、路面平直等),车辆以经济速度匀速行驶一段路程,计算出的平均油耗。

②检验油耗真正的标准不能以市内为准,因等待、红绿灯、开空调等都会影响你的油耗。

③关于油耗的计算方法：建议将油箱加满油，在路况较好的路段（高速等）行驶100km左右，再将油箱加满（和上次加到同样的位置），用第二次加的油量除以跑的里程，即得出百公里油耗的大致数值。

④影响油耗的因素有很多：是否在磨合期；车辆路试的车速、路况、风速、载重等；驾驶习惯，驾龄；使用大功率电器的频率（如空调、音响等）；油品（93号无铅汽油）。

⑤提高车辆燃油经济性的要领：合理控制跟车距离，尽量避免紧急制动；不要对车辆外观进行任意改装；高速行驶不要采用关闭空调打开窗户的方式；车辆行驶避免急加速，猛踩加速踏板；定期对车空调散热器，发动机散热器表面进行清洁；定期对轮胎气压进行检查，气压低会增加车辆行驶的阻力。

⑥您的爱车仍在磨合期内，车上各部件都需要磨合，油耗相对而言会稍高一些，建议您使用一段时间后再观察，谢谢！

(2)为什么油耗比使用手册上高很多?

应对话术：

对您的疑问，我们很能理解。使用手册上的百公里油耗是一个理论油耗值，它是指在合理的时速（90km/m等速行驶）、良好的路况下，驾驶时所得到的值。在您实际驾驶过程中，由于实际的驾驶条件与理想中有很大的差异性，譬如说：空转1min需10～30cm^{3}的油耗；负载100kg（城市），耗油增加0.5L/100km；5min怠速可以行驶1km路程；汽车过冷会浪费汽油，应控制在28℃左右；空气滤清器严重阻塞，会导致汽油的混合比不良；注意时速的控制，一般在90～100km/h是最省油的；频繁制动会增加耗油。因此，我们建议您除了注意以上问题外，还可以适当记录一下；如一次加油50L后，实际行驶了多少里程，路况、时速和其他行驶状况如何等。这样反复记录几次，您会有个比较明确的数据。

(3)抱怨配件价格过高。

应对话术：

您好，我店使用的都是纯正厂家配件，所有配件均通过严格质量检查，可以使整车在运行中保持最佳状态，同时也可以延长车辆寿命，相对副厂件而言，由于受供货渠道、运营成本的影响，4S店的备件价格相对会高一些，但在我店更换的备件均享受一年的质量保证，副厂件价格是低，但是现在汽车配件市场鱼龙混杂，假货较多，一般人很难辨别，因此很容易买到伪劣产品，再者汽车维修是一项技术性很强的服务，如果您使用了伪劣配件或维修不当，很容易导致汽车故障。因此建议您还是购买正厂配件。

(4)抱怨关于工时费高。

应对话术：

你好，我店所有维修项目均按厂保修标准工时制定，这个工时的制定标准，不只是看维修的实际施工时间，它包括维修施工的技术难度、故障的检查等因素，而且在维修过程中，从小到螺钉、大到车辆的每一个部位操作，均按整车生产厂的标准数据进行操作，可以保证您的车辆保持最佳的使用状态，进而延长车辆的使用寿命，因此还是建议您严格按照厂家要求，定期到4S店或服务店进行维护。

(5)抱怨同一问题多次检修，总是修不好（属于间歇性故障）。

应对话术：

你好,因为有些问题属于间歇性,需要多次试车才能确认故障原因,因此您每次入厂之后,我们都会有专人对您进行回访,就是想追踪一下你的车辆检修之后的结果,如果仍有问题,我店一方面会将你的情况积极向厂家进行反馈,另一方面也会帮你考虑采取其他的检修方法。

(6)如果是因为技术、配件以及诸多其他外界原因造成时间上的延误,致使客人产生抱怨。

应对话术:

您好！您的心情我非常理解。对于你所遇到的问题我们感到非常抱歉。请容许我为你解释一下。在你等待的过程中,我们的维修技工为您的爱车做了全面的检修,但是现在所遇到的问题是(对应解释延误提车的原因),还需要您等待××小时。分3种情况应对:①如果您有急事的话我们可以用公车把您送到目的地。②如果同意投诉中止(要求在站点等待的),请麻烦您再等上一段时间,我们会把维修进程随时告知您。您看这样行吗?③如果同意投诉中止仍要投诉先生/小姐,您看这样行不行,我已经把这个情况告诉我们领导了,他对此事也非常重视,如果您有什么其他要求,可以跟我们领导进一步的沟通,我相信我们一定会给您一个满意的答复。

(7)为什么汽车不易起动?

应对话术:

对不起,夏季不好起动的确是一件令人烦恼的事。如产生这样的问题,通常与燃油品质不佳,引起气门积炭有关,造成发动机难以建立正常的汽缸压力,所以不易起动。严重时甚至会造成气门摇臂断裂。从安全和经济的角度,建议您使用高标号汽油,或使用厂家推荐的燃油添加剂,这样可以减轻气门积炭现象。

(8)为什么我不能自己开车进车间或者进车间看自己的车辆维修过程?

应对话术:

您的心情我们完全可以理解,对于检修质量您也可以完全放心,PAG的维修工都是技术过硬的技师,再则检修完毕后,我们会做验车的。您在这段维修期间里,完全可以安心处理您的事务,如有什么问题,我们会及时与您联系的。……如果客户依然执意要求进车间……在车间车辆不断地移动,举升机不断上下举升车辆,从安全的角度上来说,我们不建议您进车间。另外您可以设想一下,如果我们的每个客户都进车间看维修过程,我们的车间会成什么样！况且修理汽车是一个十分精密、仔细的过程,就像医生在做外科手术。如果您是医生,周围站着很多人看您动手术,您会有什么感觉?

(9)你们品牌的配件为什么不能外卖?我在外地,我住的地方无售后服务中心,维修很不方便,能不能把配件卖给我,我拿回去修?

应对话术:

您的感受我们很理解,其他客户也曾有过类似的疑问,请允我解释一下;××汽车采用的是封闭式的配件供应模式,目的就是为了保证××车主在××能获得××汽车的纯正优质的配件。您知道汽车的维修需要较高的专业技术,一般非专业人员很难掌握,为了广大PAG车主的安全得到保证,厂家规定配件不得外卖,以防非专业人员向PAG车主提供不恰当的服务,从而危及到车主的驾车安全。

(10)上次我更换配件价格高,这次配件又降价了,回单位向领导无法交代,配件价格变化太快,总在变动,能不能不变?

应对话术:

配件价格下降是为了回馈广大 PAG 车主对厂家的厚爱,节省车主们的使用成本。您的情况很特殊,如果有必要的话,我们 PAG 可出相关说明给您的领导,您看如何?

(11)我的车出现了疑难故障,在你们维修检查时找到了问题,虽然花费了你们一整天的时间,但是我现在不想维修了,你们却要收我的检测费,你们 × × 不是说检测是免费的吗?为什么现在要收我检测费呢?

应对话术:

维修前的故障诊断是维修的关键环节,尤其是疑难杂症,需要高超的技术和丰富的经验,同时还可能使用专用检测仪。若已准确判断故障等于维修进行了一半,因此按行业及厂家规定,适当的收取检测费用是合理的。

(12)为什么维护后不久又出现了问题?

应对话术:

由于这些问题对您造成的不便,我们感到非常抱歉。我们会立刻对您的车进行检测。由于造成车出现故障的原因有很多,在检测结果出来之后,我们会尽快地给您一个满意的答复和解决方案。

(13)你们是怎么修车的,同样的问题都修了好几遍?你们到底能修好吗?

应对话术:

十分抱歉给你造成不便,我们会对您的车再做一个全面的检测,请放心,您会在最短时间内得到圆满的答复。(如是服务站维修质量问题,再做一些道歉,和客户协商可以接受的方案。如不是服务站维修质量问题,礼貌地向客户解释检测结果,得到客户谅解,认同后,提出解决方案。)

(14)我不要预约,有空我自己会来你们服务中心的?

应对话术:

对于您这种心情,我们完全可以理解。可是先生,您只要在 3 天之前,花几分钟时间与我们确认您方便维修的时间,就可以省去您数小时等待的时间,您不觉得预约其实是对您非常有利吗?

(15)经常的电话问候、回访,客户比较烦(特别是那些经常来做检修的老客户)。“我的车很好啦,你们为什么老是打电话来呢?我很忙。”

应对话术:

非常抱歉在这时打扰您!只有两个问题,想占用您 1min 的时间。第一个问题是您的车在维护(维修)之后是否运行良好?第二个问题是您对我们的服务满意吗?

(16)为什么你们各地区的服务中心的工时费不一样,有的便宜,有的贵?

应对话术:

非常感谢您提出这个问题。因为各地区的行业规定、物价水平不同,所以各 PAG 的工时也会略有不同。但请您放心,全国所有 PAG 的工时收费标准都经过国家相关部门的严格审批。如您对您的账单有疑问,可随时与我们联系,我们将会尽快给您一个满意的答复。

(17)同样的配件,为什么在市场上也能买到,而且价格便宜?

应对话术:

为确保您能使用上优质纯正的售后服务配件,厂家所有零配件采购都达到 PAG 全球的质量标准,而市场上的配件来自不同渠道,质量和使用安全得不到保证。同时,您在 PAG 处更换的配件享有 1 年索赔期保证。“安全和高品质”是我们对每一位客户的承诺。

(18)我的车用的是进口件,现在为什么停止供应,只能换国产件?

应对话术:

这是从两个方面考虑的:第一点,国产件都是经过严格测试、试验,在质量要求上与进口件的标准是一致的(国产件的质量甚至优于进口件的质量);第二点,国产件的价格低于进口件,从而大大降低了客户的维修成本。国产件质量好价格又便宜,您看如何?

(19)为什么我的车要换总成件而不是修理?(如转向机)

应对话术:

××汽车根据厂家零件释放流程,并结合中国汽车修理技术现状,对部分零配件维修要求更换总成,以确保 PAG 车的维修使用安全。例如更换转向机内油封,需专用工具和较高的工艺要求,PAG 一般无法保证修理质量,因此而导致的转向机漏油、失灵将会存在极大的安全隐患。当然对修理工艺要求不高或有相应修理技术作保证时,厂家将尽可能地将总成件拆卸供应。

(20)我的车因离服务中心比较远,能否不到服务中心换机油?

应对话术:

当然可以,如您要自行更换机油,请注意使用同等级机油,并同时更换机油滤清器。但是,我们还是建议您至 PAG 来更换机油。因为,PAG 经专业培训的售后人员,会在换油的同时对您的车辆进行检查并提出维护建议,且所用配件均为纯正部件。若在非 PAG 更换机油而引起车辆故障会增加您额外的损失。

(21)为什么使用原厂零件?为什么工时费高于其他维修店?

应对话术:

针对这些问题制定了标准答案,所有的维修业务接待人员可以按统一方式回答,以便更有效地跟客户沟通。客户也会觉得更舒适和更加信任您的维修店。

当今车辆采用电脑控制的复杂电子系统。对此系统的诊断和修理需要技术员经过高级技术培训并要求维修店引进设备。我们不断从制造商那里获得最新的信息,所以,您在我们的维修店中可以获得最佳的维护。

比如您仅购买一个螺钉,原厂零件在螺纹部分有精密的结构尺寸,可实现严密的啮合.我们使用的正是专门设计的原厂零件.我们自信可以为您提供优质服务。如果您将车辆交给别的维修店,则保修内容可能得不到承认。对于保修单上列出的修理项目,最后付款时,您可能发现还多花了钱。如果让我们服务,无论何时入厂,我们都会根据保修条例为您修理。相信您会得到很多实惠,您说呢?因为我们是授权经销商,当我们遇到客户对车辆有任何的不满时,我们会将这种情况报告给制造商,制造商会根据这些信息改进车辆,并使客户最终受益。这并不仅仅是对于后续车型来说的,如果客户已购车辆出现故障,我们也会立刻找出原因。只要是有利于车辆维护,我们都会做。因此您能够看到,如果让我们服务车辆,您将会最终受益。

(22)为什么工时费这么高?

应对话术:

这看起来可能有点高;如果您简单地跟别的维修店比较服务费用,我们的工时费并不是最便宜的。但是,您还为技术含量付费了。为了公平起见,我们应该在相同条件下比较两个维修店的维护技术。我可否占用您几分钟的时间来为您解释一下?

①我们用厂家技术质量系统认证的支持的高级专门技术来为您进行修理和提供维护服务,这个系统被称为汽车技术教育。

②我们所使用的最新设备能够很快地进行诊断和修理。

③诚如您所见,我们的维修店总能保持整洁。您的车应在一个干净的环境中进行服务。

④同时,您要知道,如果技术人员很难确切地诊断一个罕见的故障时,他会去寻求车间主任或经理的帮助。他们丰富的经验和整个厂家技术系统能够帮助技术人员解决任何问题。总而言之,您可以放心,我们会对您的车进行精心检修。

⑤在某些修理项目上我们的收费可能比其他的维修店高,但是我们的维修店对整体服务的收费是很合理的,会让您感到物有所值。

(23)为什么必须使用原厂零件?

应对话术:

更好的质量和性能——为了发挥出最初设计的性能,对每个零件而言,最重要的是发挥出它应发挥的功能。原厂零件必须经过厂家最严格的测试,从而才能够保证它们的质量。因此,可以完全放心,不用担心零件会导致车辆性能或安全等级的下降。

耐用性和经济性——因为非原厂零件的竞争力仅在于它们的价格,而不在于它们的质量。它们不耐用,必须经常更换,尽管您不能从外形上判断一个零件,但是经验告诉我们,从长远看,原厂零件更耐用,因此也就更具经济性。

(24)为什么蓄电池明明有电(电眼呈绿色)却不能起动?

应对话术:

其实蓄电池的电眼呈绿色只是表明蓄电池有电,至于蓄电池有多少电还需专用工具来测量。就犹如生活中普遍使用的干电池,当有电,但电量不足时,如果装入随身听,一般可以听电台音乐,而不能听磁带。汽车上的蓄电池也一样,电眼呈绿色就电压来看可以 12 ~ 24V 之间任何电压都可能,如果电压低于 12V 太多,汽车就无法起动

(25)为什么充了气,胎压灯还是亮?

应对话术:

轮胎气压监视系统是一种软件驱动系统,软件系统通过轮速传感器来探测由于胎压太低引起的相对转动差异。当某一轮胎比其他轮胎气压低 82kPa(12Psi)以上时,点亮气压监视指示。必须在 4 轮胎胎压均正确的情况下重置胎压监视器。这样做才能保证重置后的胎压监视系统能进入正常工作。正常情况下的轮胎气压监视系统能在车速 0 ~ 85km/h 的范围内进行监测,在车速大于 85km/h 时监视系统功能关闭。除了轮胎气压低以外,在轮胎充气压力发生变化、轮胎换位、更换轮胎、车轮重新动平衡之后,也应该

重置胎压监视器进行一段时间的自学习,否则系统可能在行驶中也会点亮轮胎气压监视器指示。此外,制动控制模块系统电压低,或轮胎传感器线路接触不良,或潮湿,或持续行驶在不平/打滑路面也会使轮胎气压指示灯亮。遇到这种情况,请到服务站由专业人员为您进行系统自动学习调试。

(26)前制动片怎么比后制动片磨损快?

应对话术:

制动片的磨损快,一般和它使用频率及制动片受力大小有关。同一辆车前后制动片使用频率几乎相一致,但前后制动片受力或者说对车轮实施的制动力是不同的,因为制动力的大小是和轴重成正比。这就像让一个乒乓球从滚动状态停下比让一个铁球从滚动状态停下要容易一样。因为目前××××车大多是前置发动机的前轮驱动汽车,前轴承轴重比后轴承轴重大很多,前制动片因为实施的制动力大于后制动片,所以磨损得较快。

(27)我的车少了防冻液是否能加水?

应对话术:

如果是缺少少量的防冻液可加蒸馏水(俗称熟水),因为蒸馏水中无杂质,不会引起水垢,影响发动机热循环。普通水因含杂质较多,加普通水就像热水瓶中会有水垢一样,容易引起堵塞,影响发动机正常工作。

(28)发动机故障灯亮时可以行驶吗?

应对话术:

在该灯亮起的情况下,如果您继续行驶,过一段时间,排放控制系统将不能正常工作,燃油经济性将下降,最后导致发动机不能正常运转。这将导致昂贵的修理费用。而且不属于保修范围之内。建议立刻停车和最近的服务站联系。

(29)燃油液位灯亮还能行驶多少里程?

应对话术:

燃油液位灯亮,请立刻想办法加燃油。若还继续行驶,将造成燃油泵磨损,缩短燃油泵的使用寿命。建议不要总是等到汽油快用完时再去加油。

(30)为什么我的车的制动液液位会下降?这与制动片有什么关系呢?

应对话术:

制动液储液罐中制动液液位下降有两种原因:一是制动摩擦片磨损导致制动液液位下降,在更换制动摩擦片后液位即可回复;二是,制动系统的故障或自然损耗也会引起的制动液下降。若发现制动液液位下降后,直接向制动液储液罐加注制动液是非常不可取的,因为更换新的制动片后制动液就可能过多了,过多溢出的制动液非常危险,它不但有高度的腐蚀性,而且可燃,如果溅到灼热的发动机部件上会引起燃烧。只有当制动液自然损耗时才可直接向制动液储液罐添加同型号的制动液。因此,建议若发现储液罐中制动液液位下降,应立即请专业人员检查原因并进行相关处理。

(31)为什么我的车的冷却液要经常添加?

应对话术:

即使在正常情况下,冷却液也有一定的挥发量,其消耗取决于发动机工作温度和环境温度。厂家要求使用规定浓度的专用冷却液,更换周期为2年或6万km(以先到为准),在2

年或6万km之内可视情况添加,因不同品牌、不同型号的冷却液混加可能会引起化学反应,请添加厂家推荐的专用冷却液。

(32)火花塞为什么要定期更换?

应对话术:

火花塞的使用更换周期主要由所使用的火花塞型号决定,同时也与发动机使用工况有关。不同车型,即使相同型号的火花塞也会有不同的使用寿命。一般来说,正常行驶情况下,每年应检查一次火花塞,每2年或3万km(以先到者为准)应更换火花塞。请参阅具体车型的用户手册。

(33)为什么要做四轮定位?

应对话术:

您提出了一个非常专业复杂的问题。简单地说,为了保障汽车在行驶、转弯状况下的安全性、稳定性,轮胎安装时都有一定的倾斜度(称四轮定位),以达到最佳行驶的效果。你的车经过一段时间的使用,特别是在车辆运行中发生行驶跑偏、行驶稳定性差、轮胎偏磨或发出尖锐声时,专业技师需要对这个数值进行重新检测、调整,确保您的车始终处在良好的行驶状态,以及减少轮胎、悬架系统零件的摩擦,所以您可据自己的爱车使用情况,适时地去服务站调整四轮定位。

(34)皮带张紧轮为什么要定期更换?

应对话术:

正时皮带和张紧轮是发动机上非常重要的一对相互配合的旋转件,随着汽车的使用逐渐会磨损,请严格按用户手册的规定定期更换正时皮带与张紧轮,否则会危及您的行车安全。

(35)新车的磨合期为多久,要注意些什么?新车最高时速为多少?

应对话术:

新车不强制要求有一定的新车磨合期,但正如人在婴幼儿期间,最容易受到损伤,需要精心呵护一样,我们还是建议在2000km之内需注意以下事项:避免急加速或急制动,也不要总是以一种速度(高或低)行驶,当然更不要去牵引任何其他的东西,使新车各部件适应环境的能力得到调整提升。

(36)为什么车的喷油嘴要经常地清洗?

应对话术:

由于国内油品品质不高以及油品中都含有一定量的杂质,在行驶一段时期后,会造成喷油嘴堵塞、积炭等现象,从而影响发动机的动力和排放。因此为提高喷油效率和效果,使发动机工作顺畅,我们建议您经常清洗喷油嘴,从长远来看这其实即省钱又省油。

本章小结

1. 服务语言的使用技巧,应把“主动、热情、耐心、周到”贯穿到整个营销服务的每一个环节。

2. 语言训练的要求:先要敢说、然后多说、最后常说的训练宗旨。

3. 沟通技巧基本原则:第一要实事求是、阐述本件事来龙去脉;第二要清晰简洁描述;最后就是主次分明表达。

复习思考题

1. 什么是沟通话术？简述服务人员沟通话术含义。
2. 简述汽车服务人员声音基本运用要点及作用。
3. 实施汽车服务礼仪的语言技巧有哪些？

第六章　汽车服务人员电话礼仪

学习目标

1. 掌握4S店展厅汽车人员接、打电话流程;
2. 掌握汽车营销人员电话礼仪规范、正确地接、打电话。

第一节　电话礼仪

电话被现代人公认为便利的通信工具,在日常工作中,使用电话的语言很关键,它直接影响着一个公司的声誉;在日常生活中,人们通过电话也能粗略判断对方的人品、性格。因而,掌握正确的、礼貌待人的打电话方法是非常必要的。随着科学技术的发展和人们生活水平的提高,电话的普及率越来越高,人离不开电话,每天要接、打大量的电话。看起来打电话很容易,对着话筒同对方交谈,觉得和当面交谈一样简单,其实不然,打电话大有讲究。

一、接、打电话的礼仪

1. 接听电话

当客户对所需的汽车产品有了一个较为初步的了解后,一般会以电话的形式,与展厅营销顾问取得联系。这一段,客户的购买心理处于摇摆阶段。这时,汽车营销人员要了解客户心理,不可操之过急,不可以用催促的语气与客户交流,要耐心听客户的要求,以最大限度满足客户的信息需求,激发购买欲望,为促成交易奠定基础。

2. 来电话的目的

在接电话时要了解来电话的目的,上班时间打来的电话几乎都与工作有关,公司的每个电话都十分重要,不可敷衍,即使对方要找的人不在,切忌只说"不在"就把电话挂了。接电话时也要尽可能问清是由,避免误事。我们首先应了解对方来电的目的,如自己无法处理,也应该认真记录下来。委婉地探求对方来电目的,就可不误事而且赢得对方的好感。

电话机旁应备记事本和铅笔,养成认真清楚记录的习惯,熟练掌握5W1H技巧。

所谓5W1H是指When何时、Where何地、Who何人、What何事、Why为什么、How如何进行。工作过程中这些资料都是十分重要的。对打电话,接电话具有相同的重要性。电话记录既要简介又要完备,有赖于5W1H技巧。

3. 接电话要求

展厅营销人员听到电话铃声后,应准确迅速地拿起听筒,最好在3声之内接听,不要有意拖延,怠慢对方。也不要拿起听筒后,还和别人继续谈话,把发话人放在一边,电话铃声响一声大约3s,若长时间无人接电话,或让对方久等是很不礼貌的。对方在等待时心里会十分急躁,你的单位会给客户留下不好的印象。即便电话离自己很远,听到电话铃声后,附近没有其他人,应该用最快的速度拿起听筒,这样的态度是每个人都应该拥有的,如果电话铃响了5声才拿起听筒,应该先向对方道歉。若电话响了许久,拿起电话应先自报家门,接着问对方找谁,不可以接起电话只是“喂”一声,这样对方会十分不满,也不可以直截了当着问对方找谁,回答对方不能用很生硬的口气说“他不在”、“打错了”、“没这人”、“不知道”等语言。不要开口便问“你是谁”,或“喂”个不停,说“喂”则显得突然和粗鲁。而应该先向对方问好,随后做一个自我介绍,以便对方确定有没有打错电话。万一对方拨错了电话,不要责怪对方,或是一言不发,便挂断电话。接电话时,对对方的谈话可做必要的重复,重要的内容应简明扼要地记录下来,如时间、地点、联系事宜、须解决的问题等。需要代为找人,或代为转告他人时,应尽力而为,热情友好,但不要听筒未放下,就大声呼叫。如果正忙,应向对方讲清,请他稍等。如果找的人不在,则应试询问可否代为转告,征得同意后,再记录下来,一般说,不宜过多询问对方情况。若对方要求转告,不要一推了之,甚至恶语相加。

4. 拨打电话

从原则上讲,电话应由发电话人挂断,受话人不宜先放下话筒。如受话人首先终止,是没礼貌的行为。若确有特殊原因由乙方提出中断通话,应等对方放下话筒后,再轻轻地放下话筒,以示尊重。

给别人打电话时,如果想到什么就讲什么,往往会丢三落四,忘却了主要事项还毫无觉察,等对方挂断了电话才恍然大悟。因此,应事先把想讲的事逐项地整理记录下来,然后再拨电话,边讲边看记录,随时检查是否有遗漏。另外,还要尽可能突出重点,在3min之内结束。

二、电话语言表达

1. 电话语言

由于电话语言属于间接语言,双方不能面对面交流,所以,在语言表达过程中就要求用清晰的语调、喜悦的心情、适中的语速和友好的态度,使双方感到亲切、友善、得体和有礼。

1)清晰的语调

用清晰而愉快的语调接电话能显示出说话人的职业分度和亲切的性格。虽然对方无法看到你的面容,但听到你的亲切、优美的招呼声,心里一定会愉快,使双方对话能顺利展示,对该单位有了较好的印象,因为你喜悦或烦躁会通过语调流露出来。

2)喜悦的心情

用喜悦的心情打电话时汽车营销人员要保持良好的心情,这样即使客户看不到你,也要抱着“客户看着我”的心态去应付。

3)适中的语速

汽车营销人员在打电话时要把握语速,使语调平稳柔和、安详。这样如能面对微笑地与对方交谈,可使你的声音听起来更为友好热情。急性子的人听慢话,会觉得断断续续,有气无力,颇感为难;慢吞吞的人听快了,会觉得急躁心烦;年龄高的长者,听快了,难以充分理解其意,因此,打电话也应该微笑讲话,让双方的诚实恳切,都饱含与说话当中。

4)态度友好

“言为心声”,汽车销售人员态度的好坏,都会表现在语言之中。例如:道歉时不低下头,歉意便不能伴随语言传达给对方。同理,表情也包含在声音中,如果汽车营销人员打电话时表情麻木,其声音也是冷冰冰,毫无生气。因此,打电话也应微笑着讲话,让双方的诚意恳切,都饱含于声音中。

5)礼貌用语

在礼貌问候对方之后应主动报出公司或部门名称以及自己的姓名,切忌拿起电话劈头就问:“喂,找谁?”同样,来电话人需要留话也应以简洁的语言清晰地报出姓名、单位、回电电话号码和留言。结束电话交谈时,通常由打电话的一方提出,然后彼此客气地道别。无论什么原因电话中断,主动打电话的一方应负责重拨。为了不丧失每一次成交的机会,有的4S店甚至做出对电话留言须在1h之内答复的规定。

2. 拨打电话的时间

汽车销售人员选择适当的通话时间是非常重要的,除急需或者特殊情况外,白天最好在8点之后(假日9点之后),夜间在10点之前,中午避开午休时间,避开用餐的时间,而且最好不要在节假日打扰客户。

3. 需要注意的问题

汽车营销人员千万不要边打电话边嚼口香糖或者吃东西,也不可在打电话过程中吸烟、喝茶、吃零食,即使是懒散的姿势对方也能够“听”得出来。如果无意地打喷嚏或咳嗽,赶快跟客户说“对不起”。假如你打电话的时候,弯着腰躺在椅子上,对方听到你的声音就是懒散的,无精打采的。

情景模拟接电话练习

组织:两人一组,分配角色,做好接电话的准备。

要求:按照接、打电话的语言的规范。

评价:同学讨论、互评、教师点评。

模拟资料:

电话响了半天汽车展厅营销人员小张才不情愿地拿起来:“喂,谁呀?找谁?”

乙:“是客户服务部门吗?”

甲:“你自己打哪你自己都不知道?找谁?”

乙:“我新买的车有问题,想咨询一下。”

甲:“这事不归我们管,你打售后电话问问。”挂机。

分析:

(1)这个电话存在什么问题?

(2)展厅销售人员小张正确地回答应该是什么?

(3)学生扮演不同的角色进行模拟。

第二节 电话流程及话术

一、电话流程

1. 拨打电话的流程

汽车技术与营销人员要了解拨打电话的流程,如图 6-1 所示。

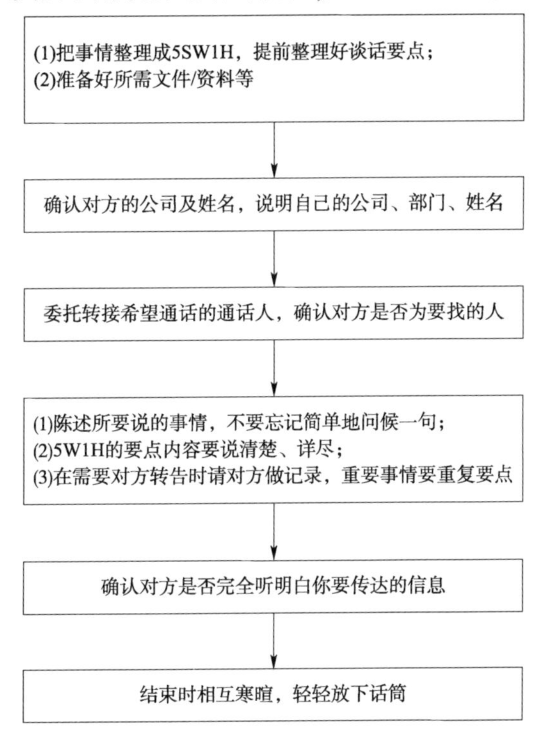

图 6-1 拨打电话的流程

1)准备工作

(1)查阅潜在客户信息档案。

(2)谈话要点准备(围绕要达到的目的及这个电话对客户的价值所在)。

(3)客户可能搪塞或拒绝的理由有哪些,准备好相应的解释或化解方法。

(4)记录用的笔、本。

(5)相关资料及产品资料。

2)打通电话

(1)确认电话号码,正确拨号。

(2)确认对方的公司及姓名,说明自己的公司、部门、姓名。

3)确认

(1)确认对方是否为要找的人。

(2)询问对方是否有时间与您交谈。

4)陈述

(1)简洁、清晰地说明打电话的目的。

(2)礼貌用语是赢得客户的关键,微笑是不可缺少的催化剂。

(3)电话里不宜喋喋不休地谈论车的具体性能特点,应争取获得面谈或试驾等机会。

5)再次确认

(1)对于客户谈及的主要内容,应随时记录。

(2)在谈话结束前进行总结确认。

6)结束

(1)感谢客户接听电话。

(2)等客户先挂电话后,再挂断电话。

2. 接电话的流程

营销人员接电话的流程如图 6-2 所示。

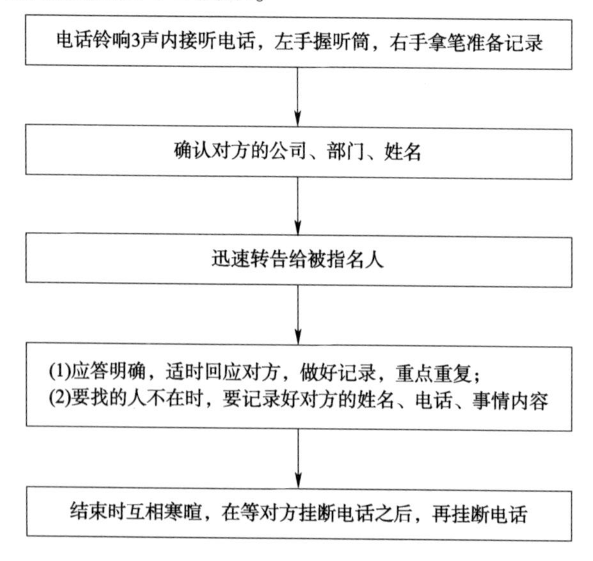

图 6-2　接电话的流程

1)接听

(1)最晚在 3 次铃声前微笑着接电话。

(2)通报公司名称、本人姓名与职务,“您好! ×展厅,销售顾问×××为您服务。”

2)确认

确认对方的公司、部门、姓名。

3)电话转接

(1)需要电话转接时,请对方简单扼要说明来电原因。

(2)请客户稍等。

4)倾听、记录、回答

(1)认真倾听,热情回应,并随手做好记录。

(2)获取客户的姓名,交流中礼貌地称呼对方。

(3)需要咨询的客户,应积极引导其择日来展厅交流,并确定时间。

(4)询问用已显示的电话号码是否可以联系到对方。

5)结束

(1)谈话结束时,感谢客户打来电话。

(2)等客户先挂断电话后,再挂断电话。

【案例6-1】 情景模拟接、打电话练习

组织:两人一组,分配角色,做好接电话的准备。

要求:按照接、打电话的礼仪规范。

评价:同学讨论、互评、教师点评。

模拟资料:

甲:您好,我是A公司的许丹,请问齐辉先生在吗?

乙:您好,我就是。

甲:打电话是想邀请您参加我们在下星期三举办的汽车营销研讨会。不知道你有没有时间光临?

乙:可以,没问题。

甲:太好了,那我们下星期三上午10点钟在海洋酒店一楼会议厅见。

乙:好的,谢谢。

甲:谢谢,再见。

乙:再见!

通过这段对话,他们都运用了哪些话术?同学扮演不同的角色进行模拟。

二、标准话术

1.接待电话的要求和话术

1)接电话

接听电话首先是清楚地报姓名及公司名称,让对方马上识别,不要花费许多时间在"喂……喂……喂"上。

用语:"×××店售后服务部,您好,我是服务顾问×××"。客户希望与一个真实的人进行交谈,而非无名氏,最好的办法是通报全名:姓与名。

电话用语应文明、礼貌,态度应热情、谦和、诚恳,语调应平和,语量要适中接听电话最不礼貌的行为就是未通报公司名称及姓名,就在质问客户"你是谁……你找谁……找他干什么"。

对方如果打错电话,婉转地说"对不起,您打错电话了"、"对不起,没这人,请再确认一下。"待对方确信打错电话才挂断电话。

2)打电话

打电话前应事先准备笔和纸,切勿打电话中要求对方等待,才开始寻找笔和纸,这是非常不礼貌的。

通话后首先问候并自我介绍(自己的姓名,自己的公司名称及想要寻找的人)。

需要转接的标准用语:“您好,这里是×××售后服务部,我是×××,请转接×××部门,×××先生。”

如果欲寻找的对方接听电话后,先自我介绍,并说明来意。

说明情况的用语:“×××先生,您好,我是×××汽车4S店展厅,我是营销顾问×××,我来向你说明有关您车子需要维护的状况。我的姓名是×××,××汽车4S店展厅,联络电话是×××。”打电话最容易犯的错误,就是未通报自己让客户不了解来意,浪费了许多时间询问你的信息。

3)转接电话

如果对方请你代传电话,应弄明白对方是谁,要找谁,以便与接电话人联系。用语:“请问哪里?”“请问哪一位?”

确认转接后,请告诉对方“稍等片刻”并迅速找人。如果不放下听筒呼喊距离比较远的人,可用手轻捂住话筒或保留按钮,然后呼喊接话人。话术:“马上为您转接,请稍后。”

转接电话,必须确定电话完全转接无误,如果转接一段时间后,指定接话人仍无法应答电话,应立即重复接听,并询问对方是否继续等待。

询问时标准用语:“××先生,对不起,×××可能不在或在忙碌,是否由我为您服务。”

2. 电话留言

客户来电所寻找的同事不在,务必请客户留下信息;有时客户可能是职位较高者,如果你未要求他留言,他可能会认为你公司是非常没有礼仪的公司。

你可以用以下话术,来替代服务或取得留言:

(1)“对不起,×××他现在不在,我是服务顾问×××,请问可以让我来服务吗?”

(2)“对不起,×××他在开会,是否可以留言,我会转告他。”

(3)“请问您的姓名,您公司的名称,您的电话,何时回电合适?”

3. 接、听电话注意事项

用电话与客户接触时需要注意以下各点:

(1)接听所有来电时,用适当的问候语。随后报上大厦名称及管理处、职员名字,及提出协助。

(2)应尽快接听所有来电以免来电者久等,来电铃声不能响过4次;经常预备纸和笔以便记下口讯。

(3)用礼貌的语气和语句去索取客户的姓氏(先生/小姐,请问怎么称呼呀?)

(4)称呼客户的姓氏(比如张先生、李小姐或陈太太);要适量不可过多,否则显得虚伪及令人厌烦;把电话放在左边,以便用右手写字。

(5)如在电话中与客户交谈,则应用礼貌语气回答客户;如接到电话查询,应首先衡量大概需时多久来为客户搜查数据,如不能在约20s内办妥,应提议稍后再复电给客户;用心聆听客户需要(不要中断客户的话,听取整个信息才付诸行动);若需要来电等候,必须先把电话转到暂停模式,以免客户听到员工与员工之间的谈话内容或其他杂声;在完成电话对话前,员工必须询问客户有否其他的需要,并向客户的来电做出致谢。

4. 标准语句

接听所有来电时:早晨好/午安/晚安/您好,(单位名称)管理处,我叫(英文名)/我姓×,请问有什么可以帮到您?

尽力协助:不好意思,陈先生刚刚走开了,我叫(英文名)/我姓×,请问有什么可以帮到您?

记留言:不好意思,陈先生刚刚走开了,请问可不可以留口讯?陈先生回来,我通知他复电给您。

转线:不好意思这里是停车管理处,请等一下,我帮你转至大厦管理处。

终止电话对话:先生,请问有没有其他可以帮到您?如有问题/其他需要可以随时联系我,我叫(英文名)/我姓×,感谢您电话/查询,再见。

代表公司致电给客户:早晨好/午安/晚安/您好,我是(大厦名称)管理处,姓×,麻烦您,我想找张先生。

本章小结

1. 语言表达要求:喜悦的心情、清晰的语调、适中的语速、态度友好四个方面来表达自己的意思。

2. 接电话的流程:①接听;②确认对方电话的来意;③电话转接;④倾听、记录、回答;⑤结束。

3. 接打电话注意事项:语言应文明、礼貌,态度应热情、谦和、诚恳,语调应平和,语量要适中。

复习思考题

1. 接、打电话分别要注意哪些问题?

2. 电话标准流程及标准话术是什么?

第七章　汽车售后服务接待实务

学习目标

1. 了解汽车售后服务流程中各个环节的客户期望；
2. 了解汽车售后服务流程中各个环节的基本规范；
3. 掌握汽车售后服务流程中各个环节的流程步骤；
4. 掌握汽车售后服务流程中各个环节的标准话术。

第一节　邀请与预约

预约是客户与修车服务流程的第一次接触，客户对车的承诺一般都抱有很高的期望，客户在最初的接待中对服务质量的体验取决于他的预期期望，这意味着客户对初次接触有很高的期待，这次接待必须出色以超出客户的期望。没有第二次机会来形成良好的第一印象。预约主要分电话预约和当面预约两种。

一、情景展现

预约服务专员小王从“特约店运营管理系统”中导出需要进行定期维护提示的客户清单，计算并且找出距离上次进店维护车辆的时间已经3个月或者预计行驶里程接近5000km的客户。预约服务专员小王主动通过电话联系客户，客户对于小王能精准地掌握客户的车辆使用情况感到欣喜。

根据对特约店的进店情况进行同比和环比的分析，预测未来两周的预约计划，确定三个进店流量处于低谷的时间段，提供给客户选择。客户李女士在小王推荐的时间段中选择了比较合适的某日的下午3点钟，小王再次向客户确认双方约定的进店日期、时间、维修的内容，说明了预计的维修费用和维修可能需要的时间，同时提醒客户所有的服务内容都需要客户到店后再根据车辆的实际检查情况做最终的确认。

和客户确认好预约的内容后，预约服务专员小王主动提醒客户进店时需要随身携带相关的资料（例如车辆行驶证和维护手册等），同时，告知客户在预约进店时间的前一天和前1h，会再次向客户进行提示。最后，小王礼貌地在电话中向客户道别，在等待客户挂断电话后，轻轻地挂上电话。此时，小王将客户的预约信息录入“特约店运营管理系统”，并且在《预约记录单》中进行记录，开始着手进行接待前的准备工作。

二、客户期望

(1)联系畅通：在营业时间之内及营业时间之外能持续联系到的方式(电子邮件、24h救援电话、工作信件的晚间传递信箱)。

(2)接待人员专业、热心、耐心，能致以友好的问候和建议，掌握所有重要客户的信息，完全了解(客户)车辆的历史。录入新客户的详细资料和车辆数据。

(3)需求评估和咨询。耐心、仔细记录所有必要信息、客户的愿望及关注点。能根据客户的愿望和要求来调整所提供的建议，最终确定协议的相关报价。主要涉及以下内容：

①维修及服务范围。

②提供专项服务，例如更换轮胎。

③接车时间/类型。

④指定的服务顾问。

⑤替换车。

⑥初步的取车日期。

⑦可接受的价格。

⑧总结各项约定、感谢客户致电并友好地道别。

三、基本要求

“邀请与预约”的主要目的是控制客户到访特约店的流量，分配在低谷时段，保证服务顾问与客户交流的时间和服务质量最大化，提高客户满意度。希望客户通过预约服务，感受到我们高度的专业性，我们能够满足其需求，并且会确保随时为其服务，这样客户就会了解预约进店的好处。在“邀请与预约”中有以下几个要点：

(1)一定要由专业的、热心的、专注的员工向客户致以友好的问候并提供咨询，企业要充分利用这次机会。

(2)一位客户来电在不多于3次铃响时，负责安排预约的员工(通常是来自于呼叫中心)要接听电话，友好地欢迎客户并将注意力集中在客户的名字及来电的原因上。

(3)首先表明接听者的职责和职位，只有向客户明确自己的职责和职位，才能确保快速反应时间。当客户知道与自己通话者姓名时可消除匿名感，名字是一个人对话时最重要的个人信息，对名字的重视就是对人的重视，是信任和重视的标志。

(4)集中全部注意力对待客户，不要仅仅听取内容，要听出“细微的差别”，可以用一些确认词来表明服务人员正在注意倾听，例如“好的、我明白了、哦、是的、我理解”这表明自己对客户关注的问题是感兴趣的，客户会感觉到服务人员对他的尊重。

(5)总结要点并定时提及客户的名字(如果合适)。可以用类似“您看我总结的是否正确，这样服务顾问可以更好地为您做预约的准备”的话语告诉客户，现在没什么事比确认需求内容更加重要的了。

(6)同客户道别之前，用下列问题结束通话：“某某女生/先生，请问：我是否满足了您的愿望和要求?”这个问题表明服务人员希望尽全力来满足客户关心的事情。

(7)友好地感谢客户的来电并道别:“某某职务、姓名的女士/先生,感谢您的来电和对我们的信任,”当服务人员感谢客户的来电时,尽管这也是客户关注的,但客户也许并没期望服务人员能对此表示感谢,因此服务人员所做的已经超出了客户的期望。

四、流程案例及分析

1. 明确电话接听的责任

1)规范行为

首先表明接听者的职责和职位,只有向客户明确自己的职责和职位,才能确保快速反应时间,当客户知道与自己通话者姓名时可消除匿名感,名字是一个人对话时最重要的个人信息,对名字的重视就是对人的重视,是信任和重视的标志。

2)禁忌

电话不能出现无人接听或电话在响过好几次之后才接(超过3声)的情况,联系不畅以及长时间的等待会激怒客户,时间就是金钱,人们在电话中的忍耐度要比面对面的接触低。

2. 注意(接听)态度并有意识地放慢问候语速

1)规范行为

(1)坐在椅子上时要双脚着地,有一个稳定的姿势会使内心更加平静,同时也可以更加自信和稳定。

(2)在自己面前可以放置一面镜子,并记有:“这就是客户看到的我!”在接听电话前,停顿一下并微笑,客户能感觉到您的微笑,第一印象是至关重要的!一个友好的印象会使整个通话过程顺利进行,没人会抵触友善和微笑,无数的研究(包括对婴儿的研究)表明友好的姿态会对交谈的对方产生积极的影响。

(3)舒缓清晰地说话这有助于完成一次高质量的通话。

(4)用某某职务/先生/女士对客户进行问候,并记下这些称呼,确保自己能记住并使用这些称呼,将所有的重要信息记录下来,如果能详细地将称呼重复出来,则表示出服务人员对客户高度重视。

(5)如果使用数字电话系统,要询问客户是否同意记录,把客户的电话号码添加到记录中,询问并确定在必要时能否通过这个号码与他取得联系,这是一个特别重视客户的表现,一旦发生(电话线路)中断,能够给客户回拨电话,不要把麦克风放在服务人员的喉部或放在一旁,要直接对着麦克风讲话,否则背景噪声会很明显。

2)禁忌

不要把耳麦支架扣在服务人员的耳朵和肩部之间,这会使声音和呼吸声听起来像是“被挤压”了。

3. 留意客户关注的问题

1)规范行为

集中全部注意力对待客户,不要仅仅听取内容,要听出“细微的差别”可以用一些确认词来表明服务人员正在注意倾听,例如“好的、我明白了、哦、是的、我理解”,这表明自己对客户关注的问题是感兴趣的,客户会感觉到服务人员对他的尊重。

2)禁忌

(1)在通话期间,避免做其他的事情,客户会察觉到服务人员是否在做其他事情,并因此被激怒。

(2)不在通话中打断对方的谈话,打断对方谈话将会影响谈话对方的思路,以至于对方不能完整地表达自己的想法,这将使对方交谈的兴致受到打击。

4. 总结客户需求并要求客户予以确认

规范行为:总结要点并定时提及客户的名字(如果合适),可以用类似"您看我总结的是否正确,这样服务顾问可以更好地为您做预约的准备"的话语告诉客户,现在没什么事比确认需求内容更加重要的了。

5. 对于等待要征得客户的同意

规范行为:向客户解释转接电话的步骤并征得客户的同意,可以用类似"您是否介意稍等片刻,我正在为您转接到您的服务顾问——某某先生/女士?"的话语让对方明白服务人员的行动,了解正在发生的事情,清楚所有情况及等候的原因。

6. 能接通服务顾问

规范行为:

(1)将客户的职务、姓名和来电原因转告给服务顾问。

(2)服务顾问使用客户的尊称向客户问候,简要地重复客户的情况,以表示对客户高度重视,这样节省了客户重新叙述情况的时间。

7. 联系不到服务顾问

1)规范行为

如果不能接通服务顾问,要安排电话回复或者其他客户希望的方式,要始终做出积极的反应:"如果您同意,我可以给您安排电话回复,我们可用哪个号码联系到您?"客户不想听解释或借口(消极作用),而是想得到服务人员的解决建议(积极作用)。

2)禁忌

不要对客户说内部的情况:"抱歉,我不能为您接通电话,因为您的服务顾问正在休假(消极作用)",客户对内部正在发生的事情不感兴趣,不想听任何借口,只想得到解决问题的方法。

8. 转接电话

规范行为:告诉用户服务顾问的姓名和分机号码:"我正在为您转接到您的服务顾问,感谢您的等待,如果没接通电话,请您直接拨分机号,您看这样可以吗?我还能为您做些什么呢?"客户希望随时知道正在发生的事情,一旦出现技术原因导致通话中断,客户能够选择如何进行下一步。

9. 结束询问

规范行为:同客户道别之前,用下列问题结束通话:"某某女生/先生请问:我是否满足了您的愿望和要求?"这个问题表明服务人员希望尽全力来满足客户关心的事情,主动询问是否有任何服务人员能做的,会表明服务人员发自内心地想实现客户的愿望并做好了准备。

10. 感谢客户的来电并道别

规范行为:友好地感谢客户的来电并道别:"某某职务、姓名的女士/先生,感谢您的来电和对我们的信任”当服务人员感谢客户的来电时，尽管这也是客户关注的，但客户也许并没期望服务人员能对此表示感谢，因此服务人员所做的已经超出了客户的期望。

11. 将电话转接给服务顾问

规范行为：服务顾问能够用客户尊称向客户问候，并复述客户主要关注的问题“您好我是服务顾问某某，请问您是某某职位、姓名的女士/先生吗？”这样客户不必重复他所关注的问题。

如果联系不上服务顾问或是客户有要求要回复电话：

（1）规范行为：保证在30min内给客户回复电话回电话时可说：“您好我是您在××经销商的服务顾问××，请问是××职位、姓名的女士/先生吗？方便占用您一点时间吗？或者我在其他时间再打来？”这表明对客户的重视，对每个客户的需求及时响应是服务企业服务的一个重要组成部分。

（2）禁忌：“打错了？”不要简单地挂断电话，而要向被打扰者表示抱歉，对方可能会变成一个客户，作为服务企业代表，应该热情、友好地对待每个与自己交谈的人。

五、流程步骤

1. 确定邀约信息

每日整理特约店运营管理系统中的全部客户信息，必要时，导出需要主动邀请的目标客户的信息。

根据需要主动邀请的客户类型、邀请目的、邀请内容，制订邀请计划。

1）首次维护的邀请

根据对购买了新车的客户的回访记录或者在销售过程中的询问的记录，估算客户车辆的平均行驶里程，预计首次进店维护的时间（例如：新车交车日的三个月后），在预计客户进店的时间的前两周主动邀请目标客户采用预约的方式进店。

2）定期维护的邀请

查询特约店运营管理系统中的登记信息（例如：客户车辆定期维护时的历史行驶里程、定期维护时的历史进店日期等），分析客户车辆的定期维护的间隔（例如：3个月或者5000km），估算客户车辆的平均行驶里程，预计需要进店维护的时间，在预计客户进店的时间的前两周主动邀请目标客户采用预约的方式进店。

3）营销活动的邀请

查询特约店运营管理系统中的登记信息，依据营销活动的计划和内容，在营销活动开始时间的前一个月和前两周分别主动邀请目标客户采用预约的方式进店。

4）产品召回的提示

查询特约店运营管理系统中的登记信息，依据产品召回的政策，主动邀请目标客户采用预约的方式进店。

5）订购的配件到货

对于客户来店订购的配件或者在上次进店维修时由于配件供应问题没有及时更换的配件，当订购的配件到货后，由配件部门提供此类配件的到货信息，主动邀请目标客户采用预约的方式进店。

6)质量保证期到期

查询特约店运营管理系统中的客户车辆的质量保证期记录和服务履历,根据质量保证期的政策,在客户车辆的质量保证期截止日期的前一个月和前两周,分别向目标客户发送邀请。

7)保险截止日到期

查询特约店运营管理系统中的客户车辆的保险登记信息,在客户车辆的保险期限截止日期的前一个月和前两周,分别向目标客户发送邀请。

8)维护履历不完整

查询特约店运营管理系统中的客户在自店的定期维护履历,确认客户在自店维护履历的完整性,整理维护履历不完整的客户信息,向目标客户发送邀请,引导客户认知拥有在自店的完整的维护履历的重要性。

9)可能流失的客户

查询特约店运营管理系统中的客户在自店的维修履历,确认六个月以上未进店的客户的信息,主动邀请目标客户进店,询问并且记录客户六个月以上未进店的原因。

2. 准备邀请顾客

根据制订的邀请计划,查看特约店运营管理系统中的登记信息,确认需要邀请的客户的服务信息。

1)确认客户的信息

车辆所有者:名称或者姓名、邮寄地址、邮政编码、联系电话、证件号码等必要信息。

送修客户:姓名、邮寄地址、邮政编码、联系电话、证件号码等必要信息。

2)确认车辆的信息

车牌号码、车辆识别码、发动机号码、质量保证期、车辆型号、车身颜色等必要信息。

3)确认服务的履历

(1)上次进店维修时的行驶里程。

(2)上次进店维修时的服务项目。

(3)上次进店维修时的服务费用。

(4)上次进店维修时建议的但是没有进行的项目。

(5)客户投诉的记录。

4)了解客户首选的联系方式(例如:电话、短信、电子邮件、信件、QQ 号码等)和联系时间段

分析和统计每周和每日的进店客户的流量,预测特约店每周和每日可以接受的预约进店客户的数量和预约进店的时间段,设定至少三个预约进店的时间段供客户选择。根据邀请计划和维修车间的实际工作情况,制订未来两周的预约计划,邀请客户进店时,主动引导客户采用预约的方式进店。

3. 其他方式邀约

采用非电话的方式邀请客户:

(1)根据主动邀请的客户类型、邀请目的、邀请内容(例如:首次维护的客户、定期维护的客户、营销活动、临近质量保证期结束的客户、属于产品召回范围的客户、临近车辆保险到

期的客户、配件到货、可能流失的客户等）编写邀请信息（包括详细的邀请目的和邀请内容等）。

（2）按照客户首选的联系方式（例如：短信、电子邮件、信件、QQ 号码）和联系时间段，发送相关的邀请信息。

（3）如果需要客户进行信息反馈，需要在邀请信息的文本中注明需要客户反馈的方式、反馈的时间和反馈的内容。例如："如果您希望参加此次活动，请您在××年××月××日前回复此邮件。"

（4）如果出现电话号码、邮寄地址、电子邮件地址、QQ 号码等错误的情况，需要将始终无法取得联系的客户的详细情况记录在"特约店运营管理系统"或《预约记录单》中，准备传递给服务顾问进行必要的核实。

4. 电话直接邀请

采用电话的方式邀请客户：选择客户首选的联系时间段；采用电话的方式直接邀请客户。

以友好、缓和的语调问候客户，包括以下内容：

（1）友好的问候，尊称客户姓氏（例如：李先生、李女士等）。

（2）说明品牌的名称。

（3）说明特约店的名称。

（4）说明工作岗位的名称。

（5）说明本人的姓名。

（6）说明拨打客户电话的目的（邀请客户）。

（7）征求客户关于接受邀请的意见。

（8）通话过程中保持礼貌与热情。

编制电话直接邀请的标准话术，进行练习，并且通过电话录音实施检查。

如果出现 3 次无人接听或者电话号码错误的情况，需要将始终无法取得联系的客户的详细情况记录在"特约店运营管理系统"或者《预约记录单》中，准备传递给服务顾问进行必要的核实。

5. 接受客户预约

1）接听客户的预约电话

在电话铃响 3 声或者彩铃响 9s 内接听客户的电话。

可以设置电话的自动应答功能，预防在接听客户电话的高峰时期，电话占线或者无人接听。

以友好、缓和的语调问候客户，包括以下内容：

（1）友好的问候（例如：先生/女士，您好！）。

（2）说明品牌的名称。

（3）说明特约店的名称。

（4）说明工作岗位的名称。

（5）说明本人的姓名。

（6）感谢客户主动联系特约店。

(7)询问能够向客户提供何种帮助。

(8)通话过程中保持礼貌与热情。

编制接听客户电话的标准话术进行练习,并且通过电话录音实施检查。

积极倾听客户的要求,确认服务需求。

采用开放式的提问,引导客户主动讲述车辆的实际状况和服务需求,并且在"特约店运营管理系统"或者《预约记录单》中进行详细的记录。

2)接收客户的网络预约

在特约店网站中设置方便客户预约进店的功能。

(1)特约店的网站需要符合品牌形象。

(2)与客户进行在线沟通。

(3)客户可以自行选择预约进店的时间、预约服务项目,指定服务顾问,记录客户需求。

如果客户通过特约店网站中的预约服务功能进行预约,"特约店运营管理系统"或者特约店网站的预约服务功能页面应该可以主动提示预约服务专员,查看客户的预约信息。

预约服务专员应该每天查看特约店网站的预约服务功能页面,查看客户的预约信息。

当查看到客户在特约店网站中的问询时,在10min内回复客户的问询。

当查看到客户在特约店网站中提出的预约服务申请(包括选择预约进店的时间、预约服务项目,指定服务顾问等)时,首先确认近期的预约计划,在30min内回复客户,确认是否可以接受客户的预约服务申请。

如果可以接受客户的预约需求,与客户确认服务需求和预约日程,进入接待前准备。

如果无法接受客户的预约需求,与客户协商,提供三个预约时间段供客户选择。

6. 确认服务需求

1)在与客户的通话过程中

(1)核对客户的信息。

(2)车辆所有者:名称或者姓名、邮寄地址、联系电话等必要信息。

(3)送修客户:姓名、邮寄地址、联系电话等必要信息。

(4)核对车辆的信息。

(5)车牌号码、车辆型号。

(6)核对服务的履历:

①上次进店维修时的行驶里程。

②上次进店维修时的服务项目。

③上次进店维修时的服务费用。

④上次进店维修时建议的但是没有进行的项目。

⑤客户投诉的记录。

2)邀请客户采用预约的方式进店时

(1)根据主动邀请的客户类型、邀请目的、邀请内容等邀请信息,向客户进行详细的邀请说明,询问客户的意愿。

(2)主动向客户宣传预约服务,详细说明预约服务的好处(例如:直接接待和维修,无须排队等候等)。

(3)向客户介绍预约的具体方法,引导客户下次进店选择预约的方式。

(4)必要时,向客户说明本次进店预计的服务项目,服务项目所涉及的估算费用和预计时间。

(5)必要时,提醒客户进店时随身携带必要的文件资料(例如:行驶证和保修手册等)。

3)客户选择采用预约的方式进店时

(1)倾听和记录与客户的谈话内容,向客户强调正在倾听客户的需求。

(2)根据对客户需求的理解,以条例的形式向客户进行复述。

(3)向客户复述后,征求客户的确认,避免出现沟通不良或者理解错误。

(4)向客户询问更详细的信息。

(5)根据客户的关注程度,列出优先顺序,对已经了解的客户需求进行总结。

(6)向客户确认服务项目。

(7)根据确认的服务项目和标准工时,提前向客户预计服务的时间,如果遇到问题,请求服务部门支持。

(8)查询确认的服务项目所涉及的工时和配件的费用,提前向客户估算可能产生的维修的费用。

(9)告知客户预估的费用和时间可能由于实际的情况发生变更。

(10)询问客户是否有指定的服务顾问或者维修技师,并且记录在“特约店运营管理系统”或者《预约记录单》中。

(11)对于新车客户,了解客户喜好的饮料、休闲的方式等,并且记录在“特约店运营管理系统”或者《预约记录单》中。

(12)对于保有客户,确认客户喜好的饮料、休闲的方式等,并且记录在“特约店运营管理系统”或者《预约记录单》中。

(13)提醒客户进店时随身携带必要的文件资料(例如:行驶证和保修手册等)。

(14)征询客户的意见,表达对客户意见与决定的充分尊重。

(15)询问客户是否还有其他的需要。

(16)询问客户时注意语速放缓,确保客户能够完全听清楚。

(17)避免出现没有及时充分表达清楚的遗憾,最大限度地确认客户的需求。

7.确认预约日程

询问客户期望的预约进店的时间。

(1)查看已经制订的预约计划(“预约计划表”)和维修车间的实际工作情况。

(2)提供至少三个预约进店的时间段供客户选择。

(3)根据客户的全部需求,与客户协商,初步约定预约进店的时间。

(4)如果客户同意,继续确认其他问题并且进行接待前准备。

(5)如果客户不同意,协商其他可接受的预约进店时间段。

(6)向客户确认约定的预约进店时间。

(7)告知客户,预约服务专员在临近预约进店的时间前24h会再次提示客户进店。

(8)告知客户,预约服务专员在临近预约进店的时间前1h会最终提示客户进店。

(9)询问客户是否还有需要帮助的其他事项,或者是否对预约有其他问题,如果稍后想到,请随时告知。

(10)最终确认客户预约的服务信息,并感谢客户给我们提供服务的机会。

(11)感谢客户,告知非常期望客户准时进店并准备结束通话。

(12)确定客户挂断电话后,再结束通话(注意:在客户之前挂断电话,是极度失礼的行为)。

(13)最后检查一遍与客户沟通的过程,确认收集的所有预约信息正确和完整。

(14)最终完成在“特约店运营管理系统”或者《预约记录单》中对预约信息的记录。

六、流程练习

1. 主动邀约

1)关键要素

以友好、缓和的语调问候客户,包括以下内容:

(1)友好的问候,尊称客户姓氏(例如:李先生、李女士等)。

(2)说明品牌的名称。

(3)说明特约店的名称。

(4)说明工作岗位的名称。

(5)说明本人的姓名。

(6)说明拨打客户电话的目的(邀请客户)。

(7)征求客户关于接受邀请的意见。

(8)通话过程中保持礼貌与热情。

2)参考情境

“×先生/女士,您好!(请问您是×先生/女士吗?)”

“这里是××品牌×特约店,我是预约专员××。”

“您现在是否方便接听电话?”

“很抱歉打扰您3min的时间。”

“这次拨打您的电话的目的是邀请您……”

“感谢您接受我们的邀请。”

2. 被动邀约

1)关键要素

(1)电话铃响3声或者彩铃响9s内接听客户的电话,以友好、缓和的语调问候客户。

(2)采用开放式的提问,引导客户主动讲述车辆的实际状况和服务需求,并且在“特约店运营管理系统”或《预约记录单》中进行详细的记录。

2)参考情境

“您好,这里是××品牌×特约店。”

“我是预约服务专员××。”

“感谢您拨打我们的预约电话(服务热线),请问有什么可以帮助您的吗?”

“感谢您选择预约服务。”

“先生/女士,请问怎么称呼您?”(“×先生/女士,我核对一下您的登记信息……”)

“请问您的车辆的车牌号码是多少?”(“×先生/女士,您的车辆的车牌号码是……”)

“请稍等,我查看一下您爱车的服务履历……”

“李女士,您好,根据记录,您之前没有到过我们店! 需要占用您一些时间,登记您的车辆信息,您的车辆型号是……”

第二节　接待前准备

准备工作是查阅车间流程的实际预备工作,认真细致地做好预约准备工作可以展现自己的能力,节省宝贵的时间,特别是对经销商来说,并能提高整个服务核心流程的效率和公司的效率,多数情况下维修项目已在准备工作时确定。这将为接车登记和咨询时详细的谈话留下更多的时间。车间及备件的同事提前获得这些信息可以更好地进行相关准备。

一、情景展现

预约服务专员小王拿出《预约记录单》,查看预约明天进店的客户信息,按照客户的首选联系方式逐一联系客户,进行预约进店的提示,小王将已经得到客户确认的预约信息记录在“预约计划表”中,并且认真地检查“预约计划表”是否全部记录清楚,确认无误后,她对自己满意地笑了笑,运用“特约店运营管理系统”将预约信息给传递给服务经理、车间经理和配件经理。

服务经理将“预约计划表”的信息登记在预约服务看板上;车间经理将“预约计划表”的信息登记在维修车间的维修进度管理看板;配件经理早早地就将预约维护所需要的配件整理好,核对有维修需求的预约客户所需要的配件是否有库存。看到相关部门都已经完成准备,小王终于松了一口气。

服务经理可没有那么轻松,他把预约明天进店的客户逐一分配给服务顾问,提醒他们别忘记明天如果客户超过约定的进店时间还没有进店,要给客户打电话进行确认,在忙忙碌碌中,一天的工作结束了。

第二天早上9点15分,指定给服务顾问小刘的第一个预约客户已经延误15min仍未进店,小刘打电话给客户张先生进行提示。客户张先生告诉小刘,他今天临时有个会议不能按时来了,小刘只好从预约服务看板中删除了客户张先生的信息,然后通知预约服务专员取消这位客户的预约。10点到了,分配给小刘的第二个预约11点进店的客户李女士应该进行提示了,预约服务专员小王拨打电话给客户李女士,电话中李女士说正准备出发,小王再次确认了李女士是否能够顺利找到本店后,表示服务顾问小刘已经在恭候李女士的光临。

时间过得真快,转眼就到了11点,小刘来到服务接待区等候李女士,可是已经11点10分了,李女士还是没到,“不会出了什么情况吧?”小刘一边想一边再一次拨通了李女士的电话,电话中李女士焦急地说她在路上遇到堵车,可能还需要大概5min才能赶到,小刘一边安慰,一边承诺:“李女士,请您不要着急,安全驾驶最重要,我会通知维修车间再帮您保留维修工位5min,我们会恭候您的光临!”挂断电话的小刘立即通知维修车间延长预留时间。11点15分左右,客户李女士驾驶着车辆进入了店门口。

二、客户期望

(1)特约店在客户到达时已经做好欢迎接待、环车检查、维修、配件供应等环节的准备。

(2)亲切热情的服务接待;迅速专业的环车检查;精准高效的维修;实时供应的纯正配件;细柔干净的快速洗车;正确方便的收银流程。

(3)客户希望我们做好上述准备,并对他们的到访表示感谢。

三、流程要点

“接待前准备”这一流程的主要目的是确保客户在到达特约店前我们已经做好了充分准备。我们希望保证服务顾问与每位客户的交流时间和服务质量,在最大程度上方便客户,提高客户满意度。在“接待前准备”流程中有以下几个要点:

(1)认真的预约准备工作可展示出服务人员的能力,节省宝贵的时间,并且有助于提高服务活动的效率,用户能够100%的对服务人员信任。

(2)服务顾问至少在预约的服务活动执行1天之前进行预约准备工作,为了有利于准备,服务顾问使用完整的预约单,并将预约单打印出来,预约单包含所有安排预约时所掌握的信息,服务顾问能够在预约系统的日志里查找任务委托书的详细说明。

(3)确认预约信息:查看“特约店运营管理系统”或者《预约记录单》确认预约客户的信息、车辆的信息、预约的内容,必要时,查看客户的服务履历,详细浏览客户车辆曾经维修的项目和故障的原因。

(4)确认预约计划:预约服务专员将“特约店运营管理系统”中或者客户预约进店日的“预约计划表”信息传递给服务经理、车间经理、配件经理。

(5)确认配件准备:配件经理查看“特约店运营管理系统”或者“预约计划表”的预约信息,根据配件订购的政策,保证维护类和消耗类配件的库存充足。

(6)确认维修准备:车间经理查看“特约店运营管理系统”或者“预约计划表”的预约信息,并详细浏览服务履历,查看客户车辆曾经维修的项目和故障原因。

(7)确认接待准备:服务经理查看“特约店运营管理系统”或者“预约计划表”的客户、车辆、预约服务的信息。

(8)确认客户进店:按照客户首选的联系方式和时间在预约进店时间前24h再次提示预约客户,以及在预约进店时间前1h最终提示。

四、流程案例及分析

1.核对信息

规范行为:首先得到所有客户要求的概要,当客户来时,能够亲自提出客户的需求。

2.选择并组合信息

规范行为:对重要的信息和非重要信息进行区分,将重要的信息汇总(采用一页纸管理模式),对于服务的高质量标准来说,服务内容的组织是作为高效工作流程的保证。

3.针对预计时间规划资源

规范行为:提前计划好必要的时间,计划预期的服务活动,确定工作目标,协调工作流程,检查执行情况,这可以向客户表明服务人员能够可靠地管理客户的预约工作。

4.提交车辆基本特征信息

规范行为:打印出所有车辆可用的信息并将它添加到客户档案中,这样可以保证所有与服务核心流程相关的员工都能同等地识别确定车辆的专属信息,这些信息也会传递给客户。

5.备件

规范行为:检查是否有所需要的更换备件,如果必要,则订购备件并按客户的委托书准备好,如果服务人员不能及时得到所需的更换备件而且也没有检查客户是否可用,那么服务人员正在冒着让客户返修的风险。

6.维修专家

规范行为:提前安排所需的汽车维修技工,所以维修技工应该在规定的时间来到客户车辆旁,将所有有用信息打印出来并将它添加到客户档案中,这样可以保证所有与服务核心流程相关的员工都能同等地识别获取这些信息。

7.车间维修能力

规范行为:检查是否需要预定特殊的工位,是否准备好并预约了所需的专用工具,这将避免发生维修延时和不得不推迟取车时间的情况。

五、流程步骤

1.确认预约信息

预约服务专员查看“特约店运营管理系统”或者《预约记录单》中记录的预约信息。

1)确认预约客户的信息

(1)车辆所有者:名称或者姓名、邮寄地址、联系电话等必要信息。

(2)送修客户:姓名、邮寄地址、联系电话等必要信息。

(3)了解送修客户的性格类型、喜好的饮料、休闲方式等信息。

2)确认客户车辆的信息

车牌号码、车辆识别码、发动机号码、质量保证期、车辆型号、车身颜色等必要信息。

3)确认客户预约的内容

(1)客户在预约时提出的服务需求。

(2)预约时与客户沟通的服务项目。

(3)根据客户预约的服务项目所预计的服务时间。

(4)根据客户预约的服务项目所估算的服务费用(包括:工时费用、配件费用和其他费用等)。

(5)如果有必要,预约服务专员利用特约店运营管理系统查看客户的服务履历,详细浏览客户车辆曾经维修的项目和故障原因。

(6)对于有投诉记录的客户,将需要关注的事项录入“预约计划表”,提示服务顾问等相关服务人员。

(7)对于临近车辆质量保证期结束的客户,应该特殊标注,提醒服务顾问重点关注。

4)确认预约计划

(1)在客户预约进店日的前三天：

①预约服务专员根据已经确认的“特约店运营管理系统”或者《预约记录单》中记录的预约信息，确认客户预约进店日的预约计划，制作客户预约进店日的初期“预约计划表”。

②预约服务专员将“特约店运营管理系统”中或者客户预约进店日的“预约计划表”中记录的预约信息传递给服务经理、车间经理、配件经理。

③需要传递的预约信息包括：预约客户的姓名、客户车辆的车牌号码和车辆型号、预约服务的项目类型(例如：定期维护、一般维修、其他项目等)、注意事项、涉及的配件需求、需要指定的服务顾问或者维修技师等必要信息。

④配件经理根据“特约店运营管理系统”或者“预约计划表”中记录的预约信息进行配件的准备工作。

(2)在客户预约进店日的前两天：

①服务经理和车间经理根据“特约店运营管理系统”或“预约计划表”中记录的预约信息进行接待和维修的准备工作。

②预约服务专员核实“特约店运营管理系统”和客户预约进店日的“预约计划表”中记录的预约信息，调整并且确定客户预约进店日的预约计划，与相关的服务部门共同确认客户预约进店日的最终“预约计划表”。

(3)在客户预约进店日的前一天：

①服务顾问、服务经理、车间经理、配件经理针对预约信息已经完成了必要的准备工作。

②预约服务专员在临近客户预约进店的时间前24h再次提醒客户进店。

(4)客户预约进店日：预约服务专员在临近客户预约进店的时间前1h最终提醒客户进店，准备迎接客户进店。

5)确认配件准备

(1)在客户预约进店日的前三天准备：

①配件经理查看并且确认“特约店运营管理系统”或者“预约计划表”中记录的预约信息。

②核对预约客户信息、客户车辆信息、预约服务信息。

③配件部门应该根据配件订购的政策，保证维护类和消耗类配件的库存充足，保证实时出库和维修技师的使用。

④如果维护类和消耗类配件的库存短缺，应该保证在客户预约进店日的前一天到货。

⑤配件部门应该建立配件的安全库存。

⑥如果发生配件供应异常，配件部门根据配件政策订购配件，确认配件的订购清单，明确需要订购的配件的预计到货时间(必要时，执行配件的紧急订货)。

⑦如果配件能够按时到货，配件部门进行相关的检查：

a.核对配件编号、名称以及数量等相关信息。

b.检查配件外包装的完整性，预防在运送过程中的损坏。

c.确认配件的登记记录，安排配件入库并且分类储存。

⑧如果配件无法按时到货,配件部门应该优化配件订购的流程:

a. 必要时,申请配件中心库、周转库或者同城特约店给予支持。

b. 配件部门第一时间主动告知预约服务专员相关配件的到货情况。

c. 预约服务专员主动与客户进行沟通或者重新与客户协商预约服务的信息(例如:服务项目、估算费用、预计时间等)。

(2)在客户预约进店日的前两天准备:

①查看“特约店运营管理系统”或“预约计划表”中记录的预约信息,确认客户预约进店日的最终预约计划。

②确认在客户预约进店日需要的配件的库存情况或者订购配件的到货情况。

(3)在客户预约进店日的前一天准备:根据“特约店运营管理系统”或者“预约计划表”中记录的预约信息,提前准备预约服务需要的配件,将预约服务需要的配件存放在预约服务专用的配件区域。

6)确认维修准备

(1)在客户预约进店日的前三天准备:

①车间经理查看并且确认“特约店运营管理系统”或者“预约计划表”中记录的预约信息。

②核对预约客户的信息、客户车辆的信息、预约服务的信息。

③如果有必要,利用特约店运营管理系统查看客户的服务履历,详细浏览客户车辆曾经维修的项目和故障原因。

a. 对于有投诉记录的客户,查看“预约计划表”中标注的注意事项。

b. 对于返修的客户,必须优先安排。

c. 对于临近车辆质量保证期结束的客户,应该重点关注。

(2)在客户预约进店日的前两天准备:

①查看“特约店运营管理系统”或者“预约计划表”中记录的预约信息,确认客户预约进店日的最终预约计划。

②查看在客户预约进店日中所有维修技师的出勤计划。

③查看在客户预约进店日中用于预约的维修工位的情况。

④查看在客户预约进店日中所涉及的维修设备和维修工具的状态,查看维修设备和工具的维护记录。

⑤如果客户有需要,车间经理将指定负责维修预约客户车辆的维修技师名单告知预约服务专员。

(3)在客户预约进店日的前一天准备:车间经理根据“特约店运营管理系统”或者“预约计划表”中记录的预约信息,最终确认客户预约进店日的维修准备工作已完成。

7)确认接待准备

(1)在客户预约进店日的前三天准备:

①服务经理查看并且确认“特约店运营管理系统”或者“预约计划表”中记录的预约信息。

②核对预约客户的信息、客户车辆的信息、预约服务的信息。

(2)在客户预约进店日的前两天准备:

①查看“特约店运营管理系统”或者“预约计划表”中记录的预约信息,确认客户预约进店日的最终预约计划。

②查看在客户预约进店日中所有服务顾问的出勤计划,指定负责接待预约客户的服务顾问。

③查看在客户预约进店日中所涉及的服务接待区的情况。

④查看服务防护用品的摆放和储存情况,需要防护的部位包括转向盘、座椅、脚垫、换挡杆、驻车制动器(需要时)。

⑤查看《环车检查单》的摆放和存储情况。

⑥服务经理将指定的(或者客户在预约时指定的)负责接待预约客户的服务顾问的名单告知预约服务专员。

(3)在客户预约进店日的前一天准备:

①准备车辆标识牌(用于明显标识预约进店客户的车辆)。

②准备《环车检查单》,指定负责接待预约客户的服务顾问提前将预约进店客户的信息记录在《环车检查单》中。

③准备在客户预约进店日使用的预约服务看板,服务经理或者指定的服务顾问将客户的预约信息记录在预约服务看板中,需要记录的预约信息应该包括:

a. 预约客户的姓名及尊称。

b. 预约客户车辆的车牌号码和车辆型号。

c. 客户预约的服务项目类型(例如:定期维护、一般维修、其他项目等)。

d. 在客户预约进店日中所有可用的预约时间段。

e. 负责接待预约客户的服务顾问姓名。

④在服务接待区设置明显的预约服务看板,录入的预约信息必须正确,字体工整,清楚识别。

⑤服务经理根据“特约店运营管理系统”或者“预约计划表”中记录的预约信息,最终确认客户预约进店日的接待准备工作已完成。

2. 确认客户进店

1)在客户预约进店日的前一天

(1)服务顾问、服务经理、车间经理、配件经理针对预约信息已经完成了必要的准备工作。

(2)预约服务专员查看并且确认“特约店运营管理系统”或者“预约计划表”中记录的预约信息。

(3)预约服务专员按照客户首选的联系方式和联系时间在临近预约客户进店时间的前24h再次提醒已经记录的预约客户进店。

(4)向客户再次核对预约客户的信息、客户车辆的信息、预约服务的信息(例如:服务项目、估算费用、预计时间、需要准备的配件等)。

(5)主动告知客户准时进店的必要性和预约客户所能得到的便利性(例如:及时的接待、快速的维修、减少等候时间等)。

(6)如果客户有需要,主动告知负责接待预约客户的服务顾问的姓名。

(7)如果客户有需要,主动告知负责维修预约客户车辆的维修技师的姓名。

(8)主动询问客户是否在店内等候,是否需要代步交通工具,向客户提供可以多项代步交通方案以供选择(例如:代步车、租赁车、出租车或者将客户送至最近的公共交通站点)。

(9)提醒客户进店时随身携带必要的文件资料(例如:行驶证和保修手册等)。

(10)如果客户的预约信息临时变更,预约服务专员在“特约店运营管理系统”或者“预约计划表”中选择其他日期,并且与客户协商确认,将变更后的预约信息或者取消预约的情况传递给相关部门。

2)在客户预约进店日

(1)预约服务专员按照客户首选的联系方式和联系时间在临近预约客户进店时间的前1h最终提醒已经记录的预约客户进店。

(2)如果预约客户超出预约进店时间后仍然没有进店,由服务顾问采用电话的方式直接联系预约客户,主动告知预约维修工位将继续保留15min,如果超出15min,客户车辆可以使用非预约维修工位或者重新选择其他预约时间(客户原预约进店日除外)。

3)准备迎接客户进店

如果客户的预约信息临时变更,预约服务专员在“特约店运营管理系统”或者“预约计划表”中选择其他日期,并且与客户协商确认,将变更后的预约信息或者取消预约的情况传递给相关部门。

六、流程练习

1.客户进店前一天

1)关键要素

(1)在客户预约进店日前一天,预约服务专员查看“预约计划表”的预约信息,按照客户首选的联系方式和时间在预约时间前24h再次提醒客户进店。

(2)告知客户准时进店的必要性和便利性(例如:及时的接待、快速的维修、减少等候时间等)。

(3)告知负责接待预约客户的服务顾问的姓名。询问客户是在店内等候还是离店等候,是否需要代步交通工具,提供多项选择的代步交通方案(代步车、租赁车、出租车或者送至最近的公共交通站点)。

(4)提醒客户进店时随身携带必要的文件资料(例如:行驶证和保修手册等)。

2)参考情景

小李在客户预约进店前24h,通过电话联络客户李女士。

“李女士,您在××年××月××日预约了在本周五下午3点进店……”

小李浏览李女士的服务履历,确认之前都是选择出租车作为离店的代步交通工具,若客户选择搭乘公共交通工具离开,特约店可以利用服务车将客户送至最近的公共交通站点。

2.客户进店当天

1)关键要素

(1)预约服务专员按照客户首选的联系方式和时间在进店前1h最终提醒客户进店。

(2)如果预约客户超出预约时间后仍然没有进店,由服务顾问采用电话直接联系预约客户,告知预约工位将继续保留15min,如果超出15min,客户可以使用非预约工位或者重新选择其他预约时间(客户原预约进店日除外)。

(3)如果客户的预约信息临时变更,预约服务专员在“特约店运营管理系统”或者“预约计划表”中选择其他日期,并且与客户协商确认,将变更后的预约信息或者取消预约的情况传递给相关部门。

2)参考情境

“您好！我是北京现代×特约店的预约服务专员小李,请问是车牌号码为京×××的×先生/女士吗?”

“请问现在和您讲话是否方便?”

“×先生/女士,我们的服务顾问会准时接待您的。”

第三节　接待与沟通

通过为预约所做的完全的准备,能够展示经销商在接待客户方面具有高水准的服务能力同时可以增强与客户的关系,这种情况下核心内容从接待车辆转变为对客户的接待。当制定了预约时,会提前明确部分信息,以便在预约之前做好相应的准备,接车的结果是为车间制定清楚、明确的任务委托书,这能确保经销商高效的工作流程。

一、情景展现

服务顾问小刘来到服务接待区的门前,还没有站稳,就看见客户李女士的车辆正在驶入。小刘紧跑几步过去,伸出右手引导客户将车辆停入服务停车区,并主动为客户打开车门,微笑示意客户下车,主动问好:“李女士,您好,欢迎光临,我是服务顾问刘德明,请问有什么可以帮助您的?”小刘边说边递送给客户一张服务顾问的名片,客户抬了抬眼睛,说道:“哦,我的车该进行维护了,另外,我最近发现车辆在起动后好像有些抖动。”

“哦,李女士,您不用着急,我会帮您初步检查一下。”小刘微笑地说道。

服务顾问铺好服务防护用品,使用座椅定位贴记录了客户座椅的位置,与客户一起开始进行接车环车检查。对车辆的内部进行检查后,小刘打开发动机舱进行检查,并对李女士讲解到“我来帮助您初步检查一下”。小刘向客户询问了发生抖动的时间、频率、温度等情况,通过初步的检查,分析了可能的原因和解决办法。完成接车环车检查后,服务顾问向客户说明了检查的情况,邀请客户在《环车检查单》上签字确认,锁好车辆的门窗,引导客户走进服务接待区。

安排客户就座后,小刘为客户倒了一杯茶,然后坐回到自己的位置,一边查看“特约店运营管理系统”中客户的信息、车辆信息和服务履历,一边再次复述了客户进店的需求。根据接车环车检查的检查情况,使用沟通技巧向客户介绍了2万km定期维护的服务项目,并向客户说明了发生此类情况的可能原因和解决此类问题的初步方法。

服务顾问小刘向客户预估了此次维修的费用和交车时间,并在征得客户的同意后,将服务信息录入“特约店运营管理系统”,同时向客户询问是否有熟悉或者指定的维修技师,客户摇了摇头,服务顾问小刘说;“那我向您推荐郑伊中师傅吧,他可是经过认证的高级维修技师,您就放心吧。”小刘根据打印的《维修委托书》详细解释了此次维修的内容,然后礼貌地请客户签字确认,并且将一份《维修委托书》交与客户,“李女士,这是取车凭证,麻烦您收好,取车时请您交还给我,谢谢!”然后,小刘继续问道:“请问李女士,您是在这里等待,还是先离开呢?”客户低头看了看手表,“我就在这里等好了。”“那好,请您跟随我一起到客户休息区,我们的客户休息区可以上网或者看电视,还有多种报刊杂志,在您等待期间会有专人为您提供饮料和服务,您可以透过玻璃窗或者‘透明车间管理系统’的显示屏看到车辆的维修情况,显示屏可以提示车辆的维修进度,请您放心,如果在车辆的维修期间有任何情况,我都会第一时间来通知您的。”

在通往客户休息区的墙上公示着服务人员的介绍展板,小刘顺便指给客户,“李女士,这就是为您服务的郑师傅,他可是一名优秀的维修技师呢。”来到客户休息区,小刘将客户介绍给客户休息区的服务人员小张,小张做了自我介绍,主动询问了客户的喜好,引导客户入座并且送上饮品。等待客户坐稳,服务顾问小刘和客户道别:“李女士,感谢您的光临!请您稍等,我去安排车辆的维修,稍后会再来通知您。”“好的,你快去忙吧。”客户边说边露出安心的微笑,小刘转身回到服务接待区开始安排车辆的维修。

二、客户期望

(1)专注,对于提前预约的客户,服务人员应该给予客户特别的关注,与客户的谈话是优先的,并且不应该被打断。

(2)服务伙伴的所有员工应具有友好的个人形象,服务伙伴期待客户的光临并做好适当准备(客户停车位、清洁程度、欢迎、方向指引)。

(3)实施所有关于接车时间、替代交通工具、取车时间和报价的安排。

(4)准确及完整的车辆登记专家(服务顾问)准确完整地检查整个车辆(必要时进行路试),并记录客户的要求、问题和故障,服务顾问对于他发现的任何问题提出清晰、易于客户理解的解决方案。

(5)在任务单上书面总结并登记接待的所有结果并与客户签字确认:服务/维修范围,取车类型及时间,商议的价格或价格区间,客户如果需要,提供替换车。

三、流程要点

“接待与沟通”这一流程的主要目的是带给客户积极的第一印象,让客户建立起对我们的信心,相信自己选择了正确的特约店。在“接待与沟通”流程中有以下几个要点:

(1)友善的个人形象会给客户一个良好印象,期待着客户的来访并将为此做好准备。

(2)必要时,让准时成为服务人员的商标,从来不迟到,对于安排的预约始终保持准时。服务人员应在规定的时间出现在应在的位置上,准时表明服务人员非常尊重客户的时间,应表现出体谅、重视和可靠,服务人员应在安排的时间出现在正确的地方。

(3)用眼神交流、友好的微笑或点头表示服务人员已注意到客户的到来,利用服务人员的外表、声音、眼神,服务人员的表情——一个微笑会产生奇迹。

(4)及时接待客户:服务顾问第一时间发现进店的客户车辆,迅速查看车辆的车牌号码,核对预约服务看板,识别进店客户(预约或者非预约),主动引导车辆进入服务接车区,微笑面对客户,使用标准规范用语,欢迎客户的到来。

(5)接车环车检查:服务顾问邀请客户一起参与环车检查,向客户说明环车检查的必要性和使用服务防护用品的原因。

(6)核对服务信息:服务顾问引导客户进入服务接待区,请客户就座,出示行驶证和保修手册等,利用"特约店运营管理系统"核对客户信息、车辆信息、客户需求、服务履历等相关信息。

(7)处理服务表单:服务顾问将环车检查记录的服务信息录入"特约店运营管理系统",打印的《维修委托书》的服务信息包括:客户的服务需求、反映的故障情况、故障诊断检查的结果、确定的服务项目、涉及的工时和配件信息、估算的服务费用、预计的交车时间、对清洗车辆的确认等。

(8)沟通服务信息:服务顾问利用《维修委托书》与客户逐项沟通、确认和说明服务信息,争取客户的认同,确认客户完全清楚所说明的服务信息并且同意,请客户签字确认。

(9)引导客户休息:服务顾问交给客户一份《维修委托书》(作为客户的取车凭证),引导并且陪同客户到客户休息室,向客户介绍客户休息室的服务人员、服务设施和服务项目。

四、流程案例及分析

1. 欢迎客户光临经销商

1)规范行为

(1)走到柜台前面,这样可以更加接近客户,接近客户但要保持必要的距离,接受每项挑战并多向前考虑几步。

(2)为了能够代表品牌向客户问候,服务人员必须排除与客户之间的任何障碍,例如接待台,主动配合客户的视线高度,如果服务人员正坐着,此时必须站起来与客户保持同一高度。

(3)根据情况,与客户一起坐下,或在(客户)下一步的位置站立或蹲下,相同的水平位置——相同的视线高度,避免了一方仰望另一方的情况。

(4)服务人员主动伸出右手与客户握手示意,注视客户,表示对客户的重视。

(5)如果服务人员的客户有女士相伴,先向女士问候:"您好我是某某,您的服务顾问,欢迎光临!我能为您做些什么?"由此展开谈话,使客户感觉更放心地去接近服务人员。

2)禁忌

不要离客户太近,如果侵占个人空间是不受欢迎的,客户会失去兴致并变得带有侵略性而且很焦虑,这将在客户脸上表现出一种拒绝的表情。不要拒绝去握一只客户伸出的手,这是不礼貌的并且这是对客户缺乏尊重的表现。

2. 讨论所需时间

规范行为:与客户商定车辆登记所需的时间:"我们将用5～10min的时间进行车辆登记可以吗?"服务人员应让客户来决定是否能够接受更新他的详细资料所用的时间,这将使输入数据所花费的时间让客户有个好印象,如果客户有足够的时间,他就能为等待做好准备。

3. 提供饮料

1)规范行为

提供适合季节的饮料(冬天提供热饮,夏天提供冷饮)。当服务人员提供饮料的杯子带把时,为右撇子客户将把手放置在右侧为左撇子客户将把手放置在左侧,可以说:“今天很热,一杯凉爽的饮料可以吗?”或“今天很冷一杯热茶或者热咖啡可以吗?”水是生命之源,始终为来宾提供饮料,这是社会行为学中最古老的法则之一。

2)禁忌

不要不提供饮料或限定选择,如果仅提供了咖啡,会显得并不愿意找出客户想要的饮料。

4. 认真对待客户的情况及期望

1)规范行为

(1)与客户商定维修需求通过确认以获得客户的授权。

(2)重视客户关注的事情和客户的感受并认真对待:根据您向我描述的情况,我将详细检查您的车辆并且在必要的时候进行路试,然后做出准确的诊断。

2)禁忌

不要忽略客户的感受,也就是说,如果客户认为他能听到车辆的异响,不要解释说:“那是不对的!”客户的感受是非常个人化的,如果服务人员不重视客户的感受,就是不重视客户本人。

5. 陪伴客户时候的适当行为

规范行为:

(1)陪伴客户到展厅出口,并确保服务人员走在客户的左边,这向客户表明了服务人员对他的尊敬和重视。

(2)适当地介绍自己并陪同客户走到他的车旁,沿途向每个碰到的人打招呼,如果展厅门是向里开的,扶住门,保持开启,让客户先行。如果展厅门是向外开的,服务人员先行并为客户扶住门,保持开启状态,这向客户表明了服务人员对他的尊重及重视。

6. 帮助客户进入车辆

规范行为:

(1)由于身材不同,所以要始终努力确保不会仰视或俯视对方,主动配合客户的视线高度。

(2)必要时为客户打开车门并帮助他进入车内。

7. 服务顾问驾驶车辆

规范行为:

(1)套上保护罩并戴手套。

(2)在操作和驾驶客户车辆时,重视客户的车并细心对待。

(3)尽量保持客户车辆的原始设置,如果不可能,则在路试之后把它们恢复原状,客户没有必要把精力放在重新设置个人车辆上,要尽可能向客户展示自己对他的重视以及尊重他的个人偏好(例如由他的身材决定的一些设置)。

在打开行李舱、仪表板下的杂物箱等之前,要征求客户的同意,不要太靠近客户,应让客户决定你是否可以进入他的个人空间。

8.价格透明

规范行为:

(1)在任何时候都必须能解释标准工作及额外服务项目的价格,如果不能清楚地阐述价格,问清楚后给客户打回电话,这将保证服务人员的服务是透明的。

协议是约定的,告知客户在服务完成之前,客户将收到书面形式的报价,努力提供给客户足够的信息,表明服务人员没有隐瞒什么,并且服务人员认同并遵守服务的价值。

(3)在每次解释之后,询问客户是否理解了所有的价格。在没有认识到服务活动进行的目的时,客户主要把服务活动看作是一种经济负担,如果服务人员能让客户更加明确服务活动的目的,不仅向客户表明服务人员对客户安全及客户车辆保值性的关心,也可以积极地销售服务项目。

五、流程步骤

1.及时接待客户

1)第一时间发现、迎接并且问候客户

(1)服务顾问第一时间发现进店的客户车辆。

(2)服务顾问迅速查看进店的客户车辆的车牌号码,核对“预约服务看板”或者“预约计划表”,识别进店客户的类型(预约进店的客户或者非预约进店的客户)。

(3)服务顾问主动示意客户并且引导客户驾驶车辆进入服务接车区。

(4)服务顾问主动微笑面对客户,使用标准规范的用语,欢迎客户的到来。

(5)问候预约进店的客户:

①等待客户车辆停稳后,提醒客户关闭车辆发动机。

②主动为客户打开车门,并且以手遮护客户的头部,请客户下车。

③尊称客户,表达问候,感谢客户采用预约的方式进店。

④向客户介绍特约店,并进行自我介绍,递送服务顾问的名片。

⑤向客户核对预约客户的信息、客户车辆的信息、客户预约的服务信息(例如:客户需求和服务项目等)。

⑥请客户出示必要的文件资料(例如:行驶证和保修手册等)。

⑦在客户车辆旁边核对客户和车辆的基本信息。

⑧查看客户的基本信息:送修客户的姓名和联系电话。

⑨查看车辆的基本信息:车牌号码、车辆识别码、车辆型号、车身颜色等必要信息。

⑩以开放式的问题鼓励客户主动说明车辆的实际状况和客户的其他需求。

⑪在《环车检查单》中确认客户信息、车辆信息,记录客户诉说的服务需求。

(6)问候非预约进店的客户:

①等待客户车辆停稳后,提醒客户关闭车辆发动机。

②主动为客户打开车门,并且以手遮护客户的头部,请客户下车。

③表达问候,欢迎客户的光临。

④向客户介绍特约店,并进行自我介绍,递送服务顾问的名片。

⑤询问客户的姓名,尊称客户。

⑥询问客户需要的服务和本次进店的目的。

⑦请客户出示必要的文件资料(例如:行驶证和保修手册等)。

⑧在客户车辆旁边核对客户和车辆的基本信息。

⑨查看客户的基本信息:送修客户的姓名和联系电话。

⑩查看车辆的基本信息:车牌号码、车辆识别码、车辆型号、车身颜色等必要信息。

⑪以开放式的问题鼓励客户主动说明车辆的实际状况和客户的其他需求。

⑫在《环车检查单》中记录客户信息、车辆信息和客户诉说的服务需求。

(7)在客户进店量的高峰期时,引导员通过实时通信设备(对讲机和耳麦等)通知服务顾问有关客户进店的相关信息,协助服务顾问迎接并且问候客户,必要时,服务经理直接迎接并且问候客户。

2)接车环车检查

(1)服务顾问邀请客户一起参与接车环车检查,向客户说明接车环车检查的必要性和使用服务防护用品的原因。

(2)服务顾问在征得客户同意后,按照接车环车检查标准执行接车环车检查。

(3)服务顾问在接车环车检查的过程中,向客户说明每项检查的工作内容与结果,使客户感受到服务的价值。

(4)接车环车检查不仅仅是为了确认客户车辆的实际状况,更是增加服务产值和体现服务价值的机会。

(5)客户车辆旁边。

①将车辆标识牌(预约标识或者其他标识)放置于车内前部风窗玻璃处,标记客户车辆的驾驶座椅位置。

②在客户面前安置服务防护用品,需要防护的部位包括:转向盘、座椅、脚垫、换挡杆、驻车制动器(需要时),同时告知客户这样做的好处。

(6)驾驶室内。

①在征求客户的同意后,进入车内开始进行车辆内部的检查,检查转向盘和喇叭的外观和工作情况,进行发动机起动操作,检查冷却液温度表、机油压力表、转速表、燃油表、警告灯等,记录检查情况、车辆的累计总里程和燃油量,检查并记录音响和空调设备按钮的当前位置或者设置情况及工作状况,进行发动机关闭操作。

②检查前征求客户的意见,检查车内储物箱,记录贵重物品(例如:眼镜、手机、现金、钱包等)。

③开启及关闭天窗,检查平顺度。

④检查内饰的外部损坏情况。

⑤操作驻车制动器,检查工作情况。

⑥开启发动机罩和行李舱盖的开关,检查工作情况。

⑦左前车门。关闭车门,并且告知客户车辆内部的检查结果。

(7)邀请客户一起进行车辆外观的检查。

①开启及关闭左前车门和车窗,检查平顺度。

②左前翼子板和左前轮胎。

a. 检查左前翼子板的外部损坏情况。

b. 检查左前轮胎和轮毂外部损坏情况、轮胎花纹磨损程度和气门嘴情况。

③车辆前部。

a. 检查前部风窗玻璃和刮水器的外部损坏情况。

b. 检查车辆前部灯罩的外部损坏情况。

c. 检查前保险杠和前护栅(中网)外部损坏情况。

d. 开启发动机罩,检查平顺度。

e. 检查发动机舱的外部损坏情况,检查制动液、发动机冷却液、转向助力液的油液位置和存储情况。

f. 检查蓄电池的电解液液位、接线柱腐蚀情况。

g. 检查传动带的外部损坏情况。

h. 检查软管的劣化或破裂情况。

i. 检查发动机机油的油位和油质,使用小毛巾等规范动作操作。

j. 关闭发动机罩,检查关闭情况,使用小毛巾等擦拭手触摸过的位置。

④右前翼子板和右前轮胎。

a. 检查右前翼子板的外部损坏情况。

b. 检查右前轮胎和轮毂的外部损坏情况、轮胎花纹磨损程度和气门嘴情况。

⑤右前车门。开启及关闭右前车门和车窗,检查平顺度,使用小毛巾等擦拭手触摸过的位置。

⑥右后车门。开启及关闭右后车门和车窗,检查平顺度,使用小毛巾等擦拭手触摸过的位置。

⑦右后翼子板和右后轮胎。

a. 检查右后翼子板的外部损坏情况。

b. 检查右后轮胎和轮毂的外部损坏情况、轮胎花纹磨损程度和气门嘴情况。

⑧车辆后部。

a. 检查后部风窗玻璃的外部损坏情况。

b. 检查车辆后部灯罩外部损坏情况。

c. 检查后保险杠的外部损坏情况。

d. 检查前征求客户的意见,开启行李舱盖,检查平顺度。

e. 检查行李舱内的备胎和应急工具,记录贵重物品,关闭行李舱盖,检查关闭情况,使用小毛巾等擦拭手触摸过的位置。

⑨左后翼子板和左后轮胎。

a. 检查左后翼子板的外部损坏情况。

b. 检查左后轮胎和轮毂的外部损坏情况、轮胎花纹磨损程度和气门嘴情况。

⑩左后车门。开启及关闭左后车门和车窗,检查平顺度,使用小毛巾等擦拭手触摸过的位置。

(8)提醒客户带走车内的贵重物品,并且陪同客户一起查看是否有遗漏的物品,向客户提供储物袋或者提供物品的寄存服务。

(9)与客户确认《环车检查单》中的记录情况，请客户签字确认，关闭并且锁上客户车辆的门窗。

3)诊断疑难故障

(1)对于客户提出的疑难故障问题，服务顾问通过实时通信设备(对讲机和耳麦等)通知技术经理或者指定的维修技师到服务接待区协助服务顾问陪同客户一起进行检查、分析和诊断。根据车辆的实际情况，使用专业检测设备进行有针对性的诊断，必要时，使用诊断工位举升车辆。服务顾问及时向客户说明并且展示诊断结果，初步确定维修项目，并且记录在《环车检查单》中。

(2)对于客户提出的异常故障和与安全有关的故障问题(例如：车辆的异响、振动、加速和制动问题等)，必要时，需要进行实际道路测试检查。服务顾问通过实时通信设备(对讲机和耳麦等)通知技术经理或者指定的维修技师陪同客户一起进行实际道路测试检查(注意：驾驶安全)，在实际道路测试检查结束后，服务顾问根据实际道路测试检查的结果，初步确定维修项目，并且记录在《环车检查单》中。

(3)如果在15min内仍然无法判断出故障原因，服务顾问应该建议客户首先一起到服务接待区进行沟通，制作《维修委托书》，将客户的车辆移动至维修车间，由技术经理或者指定的维修技师进行必要的彻底检查，以便确定维修项目。

2. 核对服务信息

服务顾问完成对客户车辆的接车环车检查，引导客户进入服务接待区，按照接待礼仪首先邀请客户就座，请客户出示必要的文件资料(例如：行驶证和保修手册等)，在服务接待区利用“特约店运营管理系统”核对客户和车辆的详细信息。

(1)核对客户的信息。

(2)车辆所有者：名称或者姓名、邮寄地址、邮政编码、联系电话、证件号码等必要信息。

(3)送修客户：姓名、邮寄地址、邮政编码、联系电话、证件号码等必要信息。

(4)核对车辆的信息：车牌号码、车辆识别码、发动机号码、质量保证期、车辆型号、车身颜色等必要信息。

(5)核对客户的需求：确认在客户预约时提出的服务需求。确认在《环车检查单》中记录的客户诉说的服务需求、反映的故障情况和故障诊断结果。

(6)核对服务的履历：

①上次进店维修时的行驶里程。

②上次进店维修时的服务项目。

③上次进店维修时的服务费用。

④上次进店维修时建议的但是没有实施的项目。

⑤客户投诉的记录。

(7)核对重要的提示：

①服务顾问应该查询并且核对客户的车辆是否存在批量维修项目、是否属于召回维修范围或者属于其他需要特别注意的目标车辆范围。

②如果客户的车辆存在批量维修项目、属于召回维修范围或者属于其他需要特别注意

的目标车辆范围，服务顾问应该主动告知客户关于进行批量维修项目或者进行召回维修的具体情况（包括：原因、内容、好处等），引导客户在本次进店时进行车辆的相关维修工作，在《维修委托书》中注明需要进行的批量维修项目、召回维修项目或者其他需要特别注意的事项。

3. 处理服务表单

服务顾问将在接车环车检查过程中记录的全部服务信息准确录入"特约店运营管理系统"中，需要录入和确认的服务信息包括：

(1) 客户在预约时提出的服务需求。

(2) 在客户预约时与客户沟通的服务项目。

(3) 客户反映的故障情况。

(4) 故障诊断检查的结果。

(5) 根据诊断检查结果初步确定的维修项目。

(6) 在接车环车检查过程中确定的服务项目。

(7) 利用"特约店运营管理系统"和相关维修资料查询维修工时的信息。

(8) 利用"特约店运营管理系统"或者配件管理系统查询服务项目所涉及的配件信息（例如：名称、数量、估算费用和库存等）。

(9) 根据已经确定的服务项目所估算的服务费用（包括：工时费用、配件费用和其他费用等）。

(10) 根据已经确定的服务项目所预计的服务时间（例如：故障诊断时间、预计交车时间等）。

服务顾问利用"特约店运营管理系统"打印《维修委托书》，《维修委托书》中涉及的服务信息应该至少包括：客户的服务需求、客户反映的故障情况、故障诊断检查的结果、确定的服务项目、涉及的工时信息、涉及的配件信息、估算的服务费用、打印《维修委托书》的时间、预计的交车时间、对清洗车辆的确认、对更换下来的旧配件的处理的确认、其他需要说明的事项等。

4. 沟通服务信息

服务顾问利用"特约店运营管理系统"打印的《维修委托书》，和客户进行沟通并且争取客户的认同，与客户逐项确认、核对和说明《维修委托书》上的服务信息，需要向客户说明的服务信息应该包括：

(1) 已经记录的服务需求。

(2) 客户反映的故障情况和故障诊断检查的结果。

(3) 已经确定的服务项目。

(4) 涉及的工时信息（项目和估算费用）、涉及的配件信息（名称、数量和估算费用）和估算的服务合计费用。

(5) 预计的维修完工和交车的时间。

(6) 告知客户，免费的服务项目（例如：免费检查或者清洗车辆等），并且确认客户是否需要这些免费的服务项目。

(7) 告知客户，清洗车辆的清洁标准（例如：清洗内容、清洗位置和清洗时间等）。

(8)告知客户,在车辆的维修过程中,服务顾问会时刻关注维修的进度情况。

(9)告知客户,在车辆的维修过程中可能会产生服务项目、服务费用和交车时间的变更。

(10)告知客户,在车辆的维修过程中如果产生服务信息的变更,服务顾问会提前征求客户的意见。

(11)与客户协商,对更换下来的旧配件的存放位置(例如:副驾驶位置的地面上等),并且在《维修委托书》中记录。

(12)询问客户,在车辆的维修过程中选择何种等候方式(店内等候或者离店等候),并且在《维修委托书》中记录。

(13)询问客户,在结算付款时希望采用何种付款方式(例如:现金或者信用卡等),并且在《维修委托书》中记录。

(14)其他需要说明的事项。

服务顾问确认客户已经完全清楚所说明的服务信息并且同意《维修委托书》中记录的全部服务信息,请客户签字确认。

如果客户需要对《维修委托书》中的服务信息进行变更,服务顾问与客户沟通后,利用"特约店运营管理系统"进行服务信息的变更并且重新打印《维修委托书》,请客户签字确认。

服务顾问交给客户一份《维修委托书》和《环车检查单》(此份《维修委托书》和《环车检查单》可以作为客户在取车时的凭证)。

5.引导客户等候

1)客户离店等候

服务顾问确认客户在车辆的维修过程中的联系方式,并且在《维修委托书》中记录。

服务顾问引导客户离店,面带微笑向客户表示感谢,说明稍后会再与客户联系,并且向客户挥手告别。

2)如果客户需要代步交通工具

特约店提供客户多项代步交通方案选择(例如:代步车、租赁车、出租车或者将客户送至最近的公共交通站点)。

3)客户选择代步车或者租赁车

服务经理或者服务顾问陪同需要离店的客户到预先安排的代步车辆或者租赁车辆旁边,与客户一起检查代步车辆的情况,记录代步车辆的信息(例如:车牌号码、车辆外观和燃油量等实际情况),向客户说明代步车辆的使用特点,双方确认使用代步车辆的合同条款,请客户签字确认。

4)客户选择出租车

服务经理或者服务顾问陪同需要离店的客户找到出租车,面带微笑向客户表示感谢,说明稍后会再与客户联系,并且向客户挥手告别。

5)客户店内等候

(1)服务顾问引导并且陪同客户到客户休息室。

(2)服务顾问向客户介绍客户休息室的服务人员。

(3)服务顾问向客户介绍客户休息室的服务设施和服务项目(例如:电脑、电视、报刊杂志、餐饮区和儿童娱乐区等)。

(4)服务顾问向客户展示可以通过客户休息室的玻璃窗或者显示屏观看到车辆的维修过程。

(5)服务顾问利用服务人员介绍相关服务奖项和岗位认证证书的展示板,向客户介绍维修技师及其技术水平和认证情况,给予客户信心。

(6)服务顾问积极邀请客户参观特约店的销售展厅。

(7)服务顾问面带微笑向客户表示感谢,并且说明稍后会再与客户联系。

(8)客户在店内等候的过程中:

①客户休息室的服务人员利用"特约店运营管理系统"确认或者询问客户喜欢的饮品和服务设施,向客户提供客户喜欢的饮品,准备相关的服务设施。

②客户休息室的服务人员随时关注客户休息室中客户的需求,及时、热情、周到地为客户提供服务。

③服务顾问在客户等候的过程中至少需要和在客户休息室等候的客户进行一次沟通,告知客户车辆的维修进度情况。

④如果有必要,服务顾问可以邀请并且陪同客户一起观看车辆的维修过程,向客户介绍维修技师的技术能力。

六、流程练习

1. 接待客户

1)关键要素

(1)服务顾问第一时间迎接进店客户,迅速查看车牌号码,核对预约服务看板,识别进店客户的类型(预约或者非预约)。

(2)引导客户车辆进入服务接车区,车辆停稳后,提醒客户关闭发动机,为客户打开车门,并且以手遮护客户的头部。微笑、使用标准规范用语,欢迎客户的到来,尊称客户,表达问候,感谢预约进店,递送名片并且进行自我介绍。

(3)在车辆旁边核对客户(送修客户)的姓名和联系电话、车辆、预约的服务信息(例如:客户的需求和服务项目等)。

(4)以开放式的问题鼓励客户说明车辆的实际状况和服务需求,记录在《环车检查单》中。请客户出示必要的文件资料(行驶证和保修手册等)。

2)参考情境

"欢迎光临××品牌×特约店!我是服务顾问……"

"您好!请问您是×先生/女士吗?感谢您选择预约的方式进店,很高兴为您服务。"

"您本次预约进店是需要进行×km维护……"

"请您出示您的车辆行驶证和保修手册。"

"您的车辆还有其他方面的问题吗?除了定期维护以外,还有什么需要我们特别关注的吗?"

2. 环车检查

1)关键要素

(1)服务顾问邀请客户参与环车检查,向客户说明接车环车检查的必要性和使用服务防护用品的原因。

(2)在接车环车检查的过程中,向客户说明每项检查的工作内容和结果,使客户感受到服务的价值。接车环车检查不仅仅是为了确认客户车辆的实际状况,更是增加服务产值和体现服务价值的机会。

(3)对于客户提出的一般技术问题(例如:音响、空调和座椅的调节等),服务顾问现场告知客户使用时的注意事项。

(4)对于客户提出的常见故障问题,服务顾问根据了解的全部技术信息,利用接车环车检查进行检查、分析和诊断,并且将结果记录在《环车检查单》中。

(5)对于疑难故障和与安全有关的故障(例如:异响、振动、加速和制动等),服务顾问通知技术经理协助检查和诊断,利用专业检测设备进行有针对性的诊断,必要时陪同客户一起进行道路测试。

2)参考情境

“现在邀请您和我一起进行接车环车检查,包括内部和外观的检查,以确保在维修的过程中不会遗漏任何问题。”

“由于您是预约客户,我将放置预约标识以保证优先安排您的车辆。”

“为确保在维修过程中保护您的车辆内饰,我需要铺设服务防护用品,请您稍等。”

“记录您的座椅位置,如果在维修过程中进行了调整,交车时我会将其恢复原位。”

“我是否可以查看一下车内储物箱吗?建议您不要将贵重物品遗留在车内,如果方便,请您随身携带。”

“车辆内部已经检查完毕,情况良好,车辆目前行驶里程是……燃油量是……需要提醒您的是在维修过程中,车辆的行驶里程可能会有增加一点。”

“现在我们一起进行车辆外观的检查,看得出您对车辆非常爱惜,漆面保护得非常好!”

“现在我们一起检查一下发动机舱的情况吧?”

“您看,发动机的机油已经很脏了,及时更换可以减少发动机的磨损,延长使用寿命。”

“您所说的发动机抖动的现象是在怠速时还是在正常行驶时出现的呢?是在冷车时还是在热车时发生的呢?”

“您所说的这种情况需要进行道路测试,您是否方便和我们的技术经理一起去测试呢?”

3. 核对服务信息

1)关键点

(1)服务顾问完成对客户车辆的接车环车检查,引导客户进入客户接待区,请客户出示必要的文件资料(例如:行驶证和保修手册等)。核对客户的信息。

(2)确认客户在预约时提出的服务需求。确认在《环车检查单》中记录的客户诉说的服务需求、反映的故障情况和故障诊断的结果。

(3)核对服务的履历:上次进店维修时的行驶里程、服务项目、服务费用、建议的但是没有进行的项目。

2)参考情境

“现在请您和我一起到服务接待区……×先生/女士,您请坐。”

“×先生/女士,我核对一下您的登记信息……”

"您的车辆的车牌号码是……"

"请问您的手机号码仍然是……对吗?"

"您的邮寄地址仍然是……对吗?"

"很抱歉!耽误了一些时间,和您确认这些信息,是为了保障您的消费权益。"

"×先生/女士,您本次预约进店需要……"

"请稍等,我查看一下您的车辆服务履历……×先生/女士,您的车辆上次进店进行了……"

"您的车辆的故障现象是……我们的初步诊断结果是……"

"您在预约时反应踩制动踏板时有时会出现轻微的异响,对吗?"

"另外,定期维护需要更换发动机的机油和机油滤清器,您是否需要更换保护发动机效果更好的全合成机油?"

"全合成机油?我不懂!你再说说,这对我的车到底有什么好处?"

4.沟通服务信息

1)关键点

(1)服务顾问利用《维修委托书》,和客户逐项沟通确认并且争取客户的认同,包括:

①客户反映的故障情况和诊断检查的结果。

②确定的服务项目,涉及的工时、配件和估算的费用。

③预计的交车时间。

④免费的服务项目(免费检查或洗车等),并且确认客户是否需要。

⑤清洗车辆的清洁标准。

⑥在车辆的维修过程中,服务顾问会关注维修的进度情况。

⑦在车辆的维修过程中,可能产生服务项目、费用和交车时间的变更,服务顾问会提前征求客户意见。

⑧与客户协商,对更换下来的旧配件的处理方式(由客户保留或者由特约店处理),并且在《维修委托书》中记录。

⑨询问客户,在维修过程中选择(店内或离店等候),记录在《维修委托书》中。

⑩询问客户,结算付款采用的付款方式(现金或信用卡等),记录在《维修委托书》中。

(2)确认客户完全清楚所说明的服务信息并且同意,请客户签字确认。客户需要变更《维修委托书》的服务信息,服务顾问与客户沟通后,打印新的《维修委托书》,请客户签字确认。

2)参考情景

"您的车辆这次需要进行×km维护,需要更换……"

"这次的服务项目涉及的工时费大约是……配件费大约是……合计服务费用大约是……"

"我们提供的是纯正配件,请您放心。"

"预计的交车时间是×点×分。"

"我们可以提供免费的清洗车辆的服务……您是否需要?"

"我们可以对车辆进行简单的清洁,大约需要15min。"

“在车辆的维修过程中,我会随时关注您的车辆的维修进度……可能会产生服务项目、服务费用和交车时间的变更,如果产生服务信息的变更,我会提前征求您的意见。”

“请问维修更换下来的旧配件需要为您保留吗?”

“好的,我会请维修技师将维修更换下来的旧配件包装好,放在副驾驶位置的地面上,在交车时向您展示的。”

“除此之外,您还有什么需要我们特别关注的吗?”

“请问您是在店内等候,还是先离店呢?”

“请问您在结算付款时希望采用何种付款方式?”

“请您再确认一下我向您说明的内容,如果没有疑问,请您在这里签字确认”。

“这份《维修委托书》将作为取车凭证,请您保管好,取车时,请您交还给我,谢谢!”

5.引导客户等候

1)关键要素

(1)服务顾问引导并且陪同在店内等候的客户到客户休息室,介绍客户休息室的服务人员、服务设施和服务项目(电脑、电视、报刊杂志、餐饮区和儿童娱乐区等)。

(2)展示可以通过玻璃窗或者显示屏观看车辆的维修过程。介绍维修技师、技术认证证书或者服务奖项,给予客户信心。

(3)微笑地向客户说明稍后再与客户联系。服务人员确认并且提供客户喜欢的饮品和准备服务设施。随时关注客户的需求,及时、热情、周到地为客户提供服务。

(4)服务顾问在客户等候的过程中至少和客户沟通一次,告知车辆的维修进度。

2)参考情境

“请您和我一起到客户休息室?您这边请!”

“×先生/女士,这位是客户休息室服务员小张。小张,这位是×先生/女士,大概需要等待×h。”

“我们的客户休息室里有电视、电脑、报刊、杂志,您可以放心使用,另外,我们向您提供矿泉水、果汁、茶和咖啡等。”

“您可以透过玻璃窗看到维修车间的情况,还可以通过显示屏的提示查看车辆的维修进度。”

“我们的维修技师全部经过专业的培训认证,车辆交给他们,您尽管放心。这就是为您服务的维修技师!”

“感谢您的光临!请您稍等,我现在去安排车辆的维修,稍后,会再与您联系。”

第四节　维修与检验

维修与检验是服务核心流程的第四步,服务人员需要满足客户对经销商的基本期望,现在的问题是:准确、完整地完成《维修委托书》中指定的所有任务。客户理所应当地会认为有权获得优质的维修服务,客户相信服务人员能提供这种服务,并且要为之付款,当安排预约、准备预约和接车时,用心准备是高质量工作和高效流程的基础。

每次质检包括对已完成的服务进行检查并反复核对《维修委托书》,检查所有的车间维修工作是否与厂家的指导文件相符，一旦完成了维修任务，就要进行质检，有意识地为交车做准备，包括检查记录在《维修委托书》上的维修时间和备件，以便生成一个清晰的、便于用户理解的发票/结算单。

一、情景展现

服务顾问小刘制作好《维修委托书》，放置好车辆标识牌，并且将车辆开入维修车间，将《维修委托书》交给车间经理。车间经理将《维修委托书》录入"透明车间管理系统"，将《维修委托书》和车辆交给维修技师小孙。小孙首先审核了《维修委托书》的内容，要求在1h内完成2.5万km的维护和相关检查。

在完全理解了维修内容后，他将车辆开上维修工位。

维修技师小孙首先检查了服务防护用品是否安放齐全，然后支好发动机罩，铺装好发动机和翼子板保护罩，这时配件管理员已经将所需的配件送至维修工位。调整好举升机支臂将车辆举升，开始进行例行作业和检查。

在检查中发现平衡杆螺栓松动，同时右前轮球笼防尘罩有油渍，仔细一看，原来是防尘罩在行驶当中被划破。立即通知了服务顾问小刘，告诉他检查发现的问题，小刘看了看《维修委托书》说："这位客户就在客户休息区等候呢，你稍等一下我去问一下客户的决定，然后通知你。"转身向客户休息区走去。

客户李女士正在一边喝着咖啡一边上网，客户休息区的服务人员不时地巡视，为客户续水，清理现场。服务顾问小刘走近李女士，俯身低声说道：

"李女士，不好意思，打扰您一下。"李女士回答，"没事，你说。""您的车辆维护工作一切正常，不过，我们的维修技师在检查中发现后平衡杆螺栓有些松动，行驶起来会有些响声，当然因为是在后面可能感觉不明显，但是如果长期松动会造成平衡杆的磨损，我们的维修技师会进行紧固，这个是免费的。"

"同时，我们还发现车辆的右前轮球笼防尘罩划破漏油，需要更换，现在发现得及时，只是有油渍，里面没有泥沙，只需要更换防尘罩，如果不及时更换，行驶中的砂石可能进入球笼造成磨损。更换球笼防尘罩的配件费××元，工时费××元，我们强烈建议您进行更换，可以吗？""好吧，换了吧。""李女士，更换防尘罩需要额外增加20min，可以吗？""行，换吧。"

小刘在《维修委托书》上增加了免费紧固平衡杆螺栓和更换右前轮球笼防尘罩的内容，并且将预估交车时间由12点35更改为12点55分。然后递交给客户说："请您就更改的内容签字确认一下。"客户签字后，小刘说："谢谢您，李女士。那好，我去安排维修，稍后我会再来通知您。"告辞客户，小刘立即通知维修车间，将更改后的《维修委托书》交还给维修技师小孙。

按照《维修委托书》的内容完成全部工作后，维修技师小孙再次检查了一遍，同时在检查单中逐项做了记录。核对车辆的空调、音响、后视镜等设置恢复到入店时的状态后，将更换下来的旧滤芯、防尘罩装入包装袋后，放在副驾驶座椅下。小孙将《维修委托书》送到维修车间办公室，在"透明车间管理系统"中录入信息，车辆完工进入清洗车辆流程。

"透明车间管理系统"向服务顾问发送了已经完工、正在清洗车辆的提醒信息，小刘收到车辆已经完工的提示后，来到客户休息区，向客户李女士汇报维修进度，"李女士，您好，您的车辆维修已经结束，目前正在清洗车辆，结束后就会进行质量检验。您放心，我们专业的质量检验员会按照最严格检验标准进行检查的，大概需要15min，您需要去看一下吗?”李女士放心地告诉小刘：“不用了，我也看不懂，你们是专业人员，检查好就行了。”小刘说：“在可以交车时，显示屏上会有提示信息，我也会再次通知您的，请您再稍等一会儿。”

洗车专员用高压水枪清洗车身，打上泡沫，冲洗干净，打开发动机罩清洁发动机舱，擦干车身后又开始清洁内饰、仪表台、转向盘、中控台，还清理了烟灰缸，然后用吸尘器清理脚垫。清洗完成后，洗车专员在《维修委托书》中记录了完成清洗车辆的时间并且签字确认，洗车专员将已经完成清洗的车辆移动至质量检验区，将车辆钥匙以及《环车检查单》、《维修委托书》和“配件出库单”等服务表单放入维修文件袋中，将维修文件袋递交给质量检验员。

质量检验员按照检验标准进行检查，首先查看《维修委托书》项目，对照“质量检验单”逐项进行检查。在核对所有作业项目之后，又对照“维护检查单”核对轮胎气压、灯光、音响、空调等检查记录和维修技师的签字，确认完成所有工作内容后，看了看旧件是否放置在副驾驶座椅下方，是否还有配件、螺栓、工具、设备遗漏在车内。所有这些都确认无误后，在“质量检验单”签上姓名，将车辆开到服务交车区，锁好车辆的门窗，将《维修委托书》和钥匙交给服务顾问。

二、客户期望

(1)在承诺的时间内完成服务，有干净舒适、设施便利的客户休息室。可以看到车辆维修的全部过程。

(2)优质的维修服务工作依照制造商技术标准及指南，用心、正确、全面地完成所有任务。

(3)第一时间告知客户关于维修内容、费用或者交车时间的变化，并且征求客户的同意。

(4)在车辆交付时恢复客户车辆中原有的控制设置(例如：座椅、音响、后视镜等)。

(5)清洗车辆，至少和维修前一样干净。落实质量检验，确保维修工作都已经正确完成。提供对于潜在维修需求的建议(例如：轮胎、制动器等)。

三、流程要点

“维修与检验”这一流程的主要目的在于，通过设定的最高标准，完美地执行每一步操作流程，在预算范围内，准时而且优质地完成维修工作。确保满足客户在此次服务体验中对交车时间、维修费用以及服务质量的所有要求。服务人员完成所有工作，车辆准备好后交给客户，填好所有的服务表单。总之，此流程旨在确保特约店正确执行维修作业的质量检验标准，同时确保与客户的期望相符。在“维修与检验”流程中有以下几个关键点：

(1)服务顾问将客户的服务需求，《环车检查单》和《维修委托书》记录的服务信息告知车间经理，车间经理依据车间的实际工作情况，确认是否可以在预计交车时间之前完工，如果无法在预计交车时间之前完工或者发现《环车检查单》记录的信息不符合车辆的实际情况，必须立即告知服务顾问。

(2)维修技师确认《环车检查单》和《维修委托书》记录的服务信息，发现记录的信息不符合车辆的实际情况，立即告知服务顾问。

(3)维修技师应该遵守维修手册的标准工序进行车辆的检查与维修，实时注意每项操作步骤的正确性，如果出现错误或者疑问，立即改正或者请求技术经理的支持。

(4)在维修过程中，出现服务信息的变更时，立即通知服务顾问并且说明变更原因和可能的费用和交车时间的变化，由服务顾问向客户进行说明并且征求客户的同意。

(5)洗车专员确认客户对车辆清洗的需求、服务顾问记录的清洁标准、预计交车时间等，洗车工具设备齐全，使用不同的毛巾清洗车辆的不同部位，严格按照清洗车辆的标准流程操作，确保车辆的清洗质量。

(6)质量检验员根据《维修委托书》中记录的服务信息，使用相关的质量检验设备进行质量检验，并且在"质量检验单"记录质量检验结果。

四、流程案例及分析

1.用可靠的方式把所有信息传递给维修技工

规范行为：培养团队合作精神，服务人员不是孤军奋战的士兵，要信守对客户的承诺，用可靠的方式将全部信息传递给维修技工。如果有复杂情况发生，要予以全力支持流程的各阶段在结合点处将职责移交给不同的角色，经常会出现的是工作在这些结合点上被打断或延迟，所以结合点常常是执行的弱点。

2.对于已经安排的预约如果有改变要打电话通知

1)规范行为

打电话给客户："您好，请问是××职位、姓名的女士/先生吗？我是××经销商的服务顾问××，方便占用您一点时间吗？或者我在其他时间再打来？"承担相应责任并制定新的协议及决定，为客户充分考虑后续的花费及客户利益。

2)禁忌

如果打错了，不要简单地挂断电话，而要为服务人员的打扰表示抱歉，服务人员刚通话的人可能也是或会变成一个客户，作为服务的代表，服务人员要以友好、乐于助人的态度对每个与自己交流的人。

3.表达服务人员的歉意

1)规范行为

向客户说明情况让客户能够看到这能给他带来的好处："很抱歉，我们需要一天多的时间来修理您的车，因为我们很关心您的安全，所以我们想确保问题已被解决。"给自己设立高标准——服务人员要做到最好，为了提供最佳服务，服务人员必须反应迅速，随机应变。

2)禁忌

不要因为延时和变化而责怪他人，这是在推脱责任，客户只想知道服务人员对他的处境是认真负责的并会处理好。

五、流程步骤

1.确认维修信息

(1)服务顾问最终确认《环车检查单》和"《维修委托书》"中记录的全部服务信息和客

户确认的签字。

(2)服务顾问保持客户的车辆钥匙的清洁,将车辆钥匙以及《环车检查单》和“《维修委托书》”等服务表单放入维修文件袋中。

(3)服务顾问将客户车辆从服务接车区移动至维修车间的待修停车区。

(4)服务顾问将准备好的维修文件袋递交给车间经理或者指定的调度员。

(5)服务顾问根据客户的服务需求,将《环车检查单》和“《维修委托书》”中记录的全部服务信息告知车间经理或者指定的调度员。

(6)车间经理或者指定的调度员需要确认的服务信息包括:

①已经记录的服务需求。

②客户反映的故障情况。

③故障诊断检查的结果。

④已经确定的服务项目。

⑤在《环车检查单》中记录的车辆信息。

⑥根据已经确定的服务项目所预计的服务时间(例如:故障诊断时间、预计交车时间等)。

⑦根据已经确定的服务项目所涉及的配件信息(例如:名称、数量、估算费用和库存等)。

⑧确认在客户车辆内放置的服务防护用品齐全,需要防护的部位包括转向盘、座椅、脚垫、换挡杆、驻车制动器(需要时)。

(7)车间经理或者指定的调度员依据维修车间的实际工作情况,确认全部服务项目是否可以在已经承诺的预计交车时间之前完工。

(8)如果发现在《环车检查单》中记录的信息不符合客户车辆的实际情况,必须立即告知服务顾问,由服务顾问将客户车辆的实际情况进行记录并且立即告知客户,征求客户的认可。

(9)如果无法在已经承诺的预计交车时间之前完工,必须立即与服务顾问确定可以承诺的预计交车时间,由服务顾问将变更的预计交车时间立即告知客户,征求客户的认可。

(10)车间经理或者指定的调度员查看并且确认在“特约店运营管理系统”或者“预约计划表”中记录的预约信息。

①对于预约进店的车辆,必须保证交车时间。

②对于返修的车辆,必须优先安排。

③对于临近车辆质量保证期结束的车辆,应该重点关注。

(11)根据进店客户的类型设置车辆标识牌(例如:预约、返修等)。

(12)车间经理或者指定的调度员根据已经确认的全部服务信息、维修车间的实际工作情况和出勤的维修技师的技术能力进行维修项目的分派。

(13)通过实时通信设备(对讲机和耳麦等)通知维修技师到待修停车区接收车辆和维修文件袋并且确定维修工位编号。

(14)对于预约进店的客户车辆,通过实时通信设备(对讲机和耳麦等)通知配件部门预约进店的客户车辆已经进入维修车间,并且告知预约进店的客户车辆的信息(例如:车牌号码、车辆型号等)和已经确定的维修工位编号。

2. 实施维修准备

(1)维修技师将客户车辆移动至维修工位,确认维修文件袋中的《环车检查单》和"《维修委托书》"上记录的全部服务信息。

(2)维修技师需要确认的服务信息包括:

①已经记录的服务需求。

②客户反映的故障情况。

③故障诊断检查的结果。

④已经确定的服务项目。

⑤在《环车检查单》中记录的车辆信息。

⑥根据已经确定的服务项目所预计的服务时间(例如:故障诊断时间、预计交车时间等)。

⑦根据已经确定的服务项目所涉及的配件信息(例如:名称、数量、估算费用和库存等)。

⑧确认在客户车辆内放置的服务防护用品齐全,需要防护的部位包括转向盘、座椅、脚垫、换挡杆、驻车制动器(需要时)。

(3)如果发现在《环车检查单》中记录的信息不符合客户车辆的实际情况,必须立即告知服务顾问,由服务顾问将客户车辆的实际情况进行记录并且立即告知客户,征求客户的认可。

(4)如果无法在已经承诺的预计交车时间之前完工,必须立即与服务顾问确定可以承诺的预计交车时间,由服务顾问将变更的预计交车时间立即告知客户,征求客户的认可。

(5)维修技师在《维修委托书》中记录维修的实际开始时间。

(6)维修技师根据维修文件袋中的《环车检查单》和"《维修委托书》"上记录的全部服务信息,向配件部门确认所需要的配件的库存情况,办理所需要的配件的出库手续。

(7)对于预约进店的客户车辆,车间经理已经通过实时通信设备(对讲机和耳麦等)通知配件部门预约进店的客户车辆已经进入维修车间,并且告知车辆的信息(例如:车牌号码、车辆型号等)和已经确定的维修工位编号,配件部门应该将已经提前准备的预约进店的客户车辆所需要的配件从预约服务专用的配件区域内直接送至已经确定的维修工位。

(8)由维修技师保管的维修工具应该齐全而且可以正常使用,如果出现遗失或者破损,应该及时申请更新。

(9)维修专用工具(例如:制冷剂回收机、抽真空和充填机等)应该由专人专责保管并且固定在便于取用的位置,设置有效的使用和管理制度。

3. 控制维修质量

1)定期维护

(1)维修技师应该严格按照定期维护的标准流程进行操作。

(2)维修技师应该将各项检查工作的执行情况和检查结果记录在"《维修委托书》"或者专业检查单中。

(3)技术经理应该持续优化定期维护的标准操作流程,监督并帮助维修技师提高工作效率,最大限度地提高维修工位的周转率和一次修复率。

2)修理故障问题

(1)维修技师应该根据掌握的全部车型的维修手册和相关的技术信息,使用专业检测设备依据故障维修程序进行有针对性的维修。

(2)维修技师应该将各项检查工作的执行情况和检查结果记录在“《维修委托书》”或者专业检查单中。

(3)技术经理应该持续开展技术培训并且监督维修技师进行标准的检查、拆解、装配和维修的操作,以确保维修的质量,最大限度地提高一次修复率。

(4)在车辆的维修过程中,维修技师应该遵守并且依据全部车型的维修手册的标准工序进行车辆的检查与维修,实时注意每项操作步骤的正确性,如果出现错误或者疑问,应该立即改正或者请求技术经理的支持,维修技师应该时刻保持追求“一次修复”的热情。

(5)车间经理应该实时关注最新的车辆维修进度情况和维修异常中断情况(例如:等待配件供应、等待客户回复、等待技术支持等),出现问题及时处理并且与服务顾问保持沟通畅通。

(6)在车辆维修完工前,维修技师确认“《维修委托书》”中记录的所有服务项目都已经完成,在《维修委托书》和专业检查单中详细地记录所有的服务信息(包括:车辆的检查结果、已经完成的服务项目、更换的配件及其性能状况、在本次维修过程中建议的但是没有进行的服务项目、车辆使用时的注意事项等),以便服务顾问向客户进行说明。

(7)维修技师确认已经完成的所有服务项目所涉及更换的配件信息(例如:名称、数量、费用和配件出库等)。

(8)维修技师确认在客户的车辆和客户车辆的发动机舱内没有遗留物品或者维修工具。

(9)维修技师按照服务顾问记录的客户对更换下来的旧配件的处理方式(由客户保留或者由特约店处理)和存放位置(例如:副驾驶位置的地面上等)进行旧配件的处理。

(10)维修技师在“《维修委托书》”中记录维修的实际完工时间。

(11)维修技师最终在《维修委托书》和专业检查单中签字确认。

4. 变更服务信息

(1)在车辆的维修过程中,因为特殊原因(例如:所需要的配件库存异常,缺少技术支持、缺少维修工具、等待保修索赔授权、发现新增加的建议维修项目或者客户提出的暂时不需要进行维修的项目等)出现服务信息的变更(例如:服务项目的变化、预计交车时间的调整等)时,应该立即通知服务顾问,并且说明服务信息的变更原因和可能涉及的估算费用和预计交车时间的变化,由服务顾问向客户进行说明并且征求客户的同意。

(2)尽早通知客户关于服务信息的变更,避免在预计交车时间前30min内再通知客户关于服务信息的变更。

(3)服务顾问确认变更的服务项目、服务费用和预计交车时间等服务信息,利用“特约店运营管理系统”重新制作变更后的“《维修委托书》”或者制作能够确认变更服务信息的表单。

1)通知在店等候的客户

(1)服务顾问第一时间找到客户,通知在客户休息室或者在其他区域等候的客户。

(2)服务顾问向客户说明服务项目、服务费用和预计交车时间等服务信息的变更原因。

(3)服务顾问向客户说明立即维修增加的服务项目对车辆和客户的益处。

(4)服务顾问征求客户的同意或者根据客户的需要安排其他时间再次进店维修。

(5)服务顾问向客户说明变更后的《维修委托书》或者确认变更服务信息的表单中记录的变更的服务信息,并且请客户签字确认。

(6)向客户提示本次检查出来的但是未得到客户同意的项目,说明进行相应的维修所带来的益处和暂时不进行维修可能导致的潜在危害,并且请客户签字确认。

2)通知离店等候的客户

(1)以客户首选的联系方式联系客户(例如:短信、移动电话、固定电话、电子邮件、QQ号码等)。

(2)服务顾问向客户说明服务项目、服务费用和预计交车时间等服务信息的变更原因。

(3)服务顾问向客户说明立即维修增加的服务项目对车辆和客户的益处。

(4)服务顾问征求客户的同意或者根据客户的需要安排其他时间再次进店维修。

(5)保存可以表达离店等候的客户对于变更的服务信息的意愿的记录(例如:短信、通话记录、电子邮件、QQ记录等)。

(6)在客户回店时,服务顾问向客户再次详细说明在变更后的《维修委托书》或者确认变更服务信息的表单中记录的变更的服务信息,并且请客户补充签字确认。

(7)向客户提示本次检查出来的但是未得到客户同意的项目,说明进行相应的维修所带来的益处和暂时不进行维修可能导致的潜在危害,并且请客户签字确认。

5. 实施清洗车辆

(1)维修技师将已经完工的车辆移动至洗车区,将车辆钥匙以及《环车检查单》、"《维修委托书》"和"配件出库单"等服务表单放入维修文件袋中,将维修文件袋递交给洗车专员。

(2)如果客户不需要清洗车辆,则直接将车辆移动至质量检验区,将维修文件袋递交给质量检验员。

(3)洗车专员查看维修文件袋中的《环车检查单》和《维修委托书》上记录的服务信息,需要确认的服务信息包括:

①客户对车辆清洗提出的需求。

②服务顾问记录的清洗车辆的清洁标准(例如:清洗内容、清洗位置和清洗时间等)。

③根据已经确定的服务项目所预计的服务时间(例如:故障诊断时间、预计交车时间等)。

④确认在客户的车辆内放置的服务防护用品齐全,需要防护的部位包括转向盘、座椅、脚垫、换挡杆、驻车制动器(需要时)。

(4)洗车区的洗车工具设备齐全、摆放整齐、干净整洁,使用不同的毛巾(可用颜色区分)清洗车辆的不同部位。

(5)清洗车辆的顺序:外观冲洗→泡沫喷洒→泡沫清洗→泡沫冲洗→外观擦拭→内部擦拭→内部清洁→最终检查。

(6)车辆内部需要清洁的部位:烟灰缸、换挡杆周围、安全带、车内地面、脚垫、行李舱内部等。

(7)洗车专员严格按照清洗车辆的标准流程操作,确保车辆的清洗质量。

(8)洗车专员在完成清洗车辆后,注意将清洗干净的脚垫安装复位,将行李舱的物品务必放回原处,将车内的其他设施复位。

(9)洗车专员最终确认车辆的清洁情况(对于遗漏的部位再次进行清洁)。

(10)洗车专员在《维修委托书》或者"车辆清洗检查单"中记录完成清洗车辆的时间并且签字确认。

(11)洗车专员将已经完成清洗的车辆移动至质量检验区,将车辆钥匙以及《环车检查单》、《维修委托书》和"配件出库单"等服务表单放入维修文件袋中,将维修文件袋递交给质量检验员。

(12)如果洗车专员无法移动车辆,由质量检验员主动到达洗车区,将需要进行质量检验的车辆移动至质量检验区。

6. 最终质量检验

(1)质量检验员查看维修文件袋中的《环车检查单》和"《维修委托书》"上记录的全部服务信息,需要确认的服务信息包括:

①已经记录的服务需求。

②客户反映的故障情况。

③故障诊断检查的结果。

④已经确定的服务项目。

⑤在《环车检查单》中记录的车辆信息。

⑥根据已经确定的服务项目所预计的服务时间(例如:故障诊断时间、预计交车时间等)。

⑦已经完成的服务项目的实际占用的服务时间(例如:维修的实际开始和完工时间等)。

⑧已经完成的所有服务项目(确认《维修委托书》和专业检查单中的全部服务信息)。

⑨已经完成的所有服务项目所涉及更换的配件信息(例如:名称、数量、费用和配件出库等)。

⑩维修技师和洗车专员的签字确认。

⑪确认在客户的车辆内放置的服务防护用品齐全,需要防护的部位包括转向盘、座椅、脚垫、换挡杆、驻车制动器(需要时)。

⑫车间经理、技术经理和质量检验员,依据质量检验的有关法律法规共同制定各类维修项目的质量检验标准(例如:随机检验、过程检验和最终检验)。

(2)有效执行质量检验,保证维修质量,最终达成一次修复。

①随机检验:例如空调系统的维修等。

②过程检验:例如正时皮带的更换等。

③最终检验:例如发动机的机油量的检查等。

质量检验员根据《维修委托书》中记录的服务信息,使用相关的质量检验设备进行质量检验,并且在"质量检验单"中记录质量检验结果。

如果客户的车辆需要进行实际道路测试检验,质量检验员通过实时通信设备(对讲机和耳麦等)通知服务顾问联系客户,由质量检验员或者技术经理陪同客户一起进行实际道路测试检验(注意:驾驶安全)。

如果客户的车辆的质量检验没有达到检验标准,质量检验员必须在"质量检验单"中记录相关的信息并且立即告知技术经理,要求维修技师返工,所有需要返工的内容应该全部记录在"质量检验单"中。

如果由于返工,无法在已经承诺的预计交车时间之前完工,技术经理必须立即通知服务顾问,与服务顾问确定可以承诺的预计交车时间,由服务顾问将变更的预计交车时间立即告知客户,征求客户的同意。

最终检查《维修委托书》中的所有维修项目是否都已经完成并且达到质量检验标准,确保客户的需求都得到了满足,确认最终的质量检验结果,在《维修委托书》和"质量检验单"中记录完成最终质量检验的时间并且签字确认,必要时,使用已经完成质量检验的车辆标识牌表示已经完成最终质量检验。

六、流程练习

变更服务信息的练习。

1. 关键要素

(1)在维修的过程中,因为特殊原因出现服务信息的变更时,立即通知服务顾问并且说明变更原因、估算费用和交车时间的变化,由服务顾问向客户说明并且征求客户的同意。

(2)服务顾问第一时间通知在店等候的客户,说明服务项目、费用和交车时间的变更原因。

(3)向客户说明立即维修增加的服务项目对车辆和客户的益处,征求客户的同意或者根据客户的需要安排其他时间再次进店维修。

(4)服务顾问利用"特约店运营管理系统"重新制作《维修委托书》,向客户说明变更的服务信息,并且请客户签字确认。

2. 参考流程

"×先生/女士,您好!在维修技师的检查过程中发现由于……需要……"

"维修技师建议增加服务项目……增加的服务项目涉及的工时费大约是……涉及的配件费大约是……"

"增加的合计服务费用是……预计的交车时间需要调整到×点×分。"

"如果立即维修这些服务项目,可以避免您在驾驶车辆的过程中产生安全隐患。"

"×先生/女士,请您再确认一下我向您说明的内容,如果没有疑问,请您在这里签字确认。"

第五节 交车与送别

服务核心流程的第六部分详细说明了向客户交车及结账过程,我们始终要在交车时给客户一个详尽的发票/结算单的解释,根据维修的范围及客户的要求来决定这个解释是否应该由服务顾问还是其他的专业人员来给出,通过100%地遵守商议的安排,给客户灌输信任的感觉并使客户获得积极的服务体验。

一、情景展现

服务顾问小刘接到从维修车间传递回来的《维修委托书》和车辆钥匙，首先核对“特约店运营管理系统”中的记录，看到配件已经出库，所有维修工作都已经完成，《维修委托书》和“质量检验单”等服务表单的签字齐全，确认客户下次进店定期维护的预计时间和行驶里程，制作“维护提醒标识”。

服务顾问小刘拿起《维修委托书》、“维护检查表”、“维护提醒标识”和车辆钥匙走到客户的车辆旁，按照维修的内容进行了最后的检查。确认维修作业内容均已完成、服务防护用品齐全、更换下来的旧件已经放置在指定的位置、车内没有遗留的工具等。锁好车门后，又掏出白抹布将后视镜、门锁根部残留的水痕擦拭干净，又看了车辆外观是否与进店时一致，这才返回服务接待区。

小刘将《服务结算单》打印出来，核对了一下结算内容，然后将自己的名片订在《服务结算单》上，向客户休息区走去，通知客户李女士交车。

小刘刚刚要走向客户休息区通知客户，发现李女士已经向接待台走来。小刘急忙快步迎上去，热情地打招呼问好，微笑着说：“李女士，您好！您爱车的服务项目已经全部完成，我刚刚去看过，一切都是按照我们当初的约定完成的，我先带您去看车辆的服务效果吧！”李女士说：“我很放心，我赶时间，就先结账吧！”小刘说“那也好！您这边请，我给您解释一下结算清单。”小刘边说边引导客户向接待台走去。

服务顾问小刘帮客户拉了拉椅子，请客户先坐下，然后进到接待台里边，请客户出示“取车单”，小刘取出事先准备好的单据，详细解释了所做的工作，然后又详细地解释了《服务结算单》，一边说一边时不时抬头看着客户的反应。小刘看李女士的表情开始显露有些着急，加快了说明的速度，将单据递交给李女士。“李女士，您看一下，这是您本次的《服务结算单》。”稍微喘了一口气，小刘又接着说道：“如果没有问题的话，请您在这里签字确认。”边说小刘一边将右手伸出示意客户签字的位置。告知了客户在 3 天内会有回访，确认了客户方便的联系方式和回访时间。

小刘引导着客户向收银台走去，边走边再次与客户确认她的付款方式。刚刚走到收银台，就见收银员小周主动站起来，小刘抢前一步主动说道：“李女士，这是收银员小周。小周，这是我的客户李女士，这次消费 680 元，刷卡。”小周随声应到：“李女士，您好！感谢您的光临，请您出示信用卡。”李女士将信用卡递给收银员。

刷卡和签字确认一结束，小周就将信用卡、“签账单”、《服务结算单》、出门凭证一并装入服务专用信封中交还给客户，说道：“李女士，这是您的信用卡和账单，请您收好，出门凭证也在里边，您看一下。请问李女士，您对我们本次的服务还满意吗？”李女士低着头核对着银行卡和“签账单”，一边回应道：“挺好，挺好！”小周抬头看着客户微笑着说道：“感谢您对我们的支持，请您慢走，再见！”

小刘陪同李女士走向服务交车区，一边走一边提醒着客户下次维护的里程和时间，同时告诉客户：“我们的维修技师检查发现车辆的制动片已经磨薄了，大概还能使用 6000km，考虑到还能使用一段时间，建议您在下次维护车辆时再进行更换。不过，这段时间您在用车时也请多注意制动系统警告灯，一旦亮了，赶快与我联系。”

一边说着走到了门口,小刘上前一步帮客户打开门,示意客户先行。一路聊着带着客户来到李女士的车旁。打开车门说:"李女士,请稍等,我帮您收一下服务防护用品。李女士,这次车辆做了2.5万km的维护,建议您在车辆行驶到达3万km或者6月底之前来做下次的维护,我们也会提前给您打电话做提醒。维护提醒标识上有建议的下次维护里程和时间,我帮您贴在前风窗玻璃上吧。您来之前可以继续拨打我们的预约电话,号码是×××××××,提前预约不用排队。"

小刘打开发动机罩,抽出发动机机油尺展示给客户,"李女士,您看,新换的机油是清澈半透明状的"。小刘撕下座椅定位贴,告诉客户空调、音响、座椅、后视镜都已经恢复到入店时的状态,客户脸上露出了意外的表情,不住地点头。小刘又从副驾驶座位下取出旧件袋,打开给客户看,"李女士,这是更换下来的旧件,之前您说不带走了,我们就帮您做环保处理了。"

小刘请客户坐进车里,再次提醒客户调整一下座椅和后视镜,然后帮助客户关上车门,微笑着道别致谢,挥手送客户离店。

二、客户期望

在客户车辆维修结束之后,客户会有如下期望:

(1)友好而且专业的问候。

(2)所有的工作按照预期完成。

(3)全部的作业和服务费用得到核实和说明。

(4)对维修的建议。

(5)收银流程方便快速。

(6)车辆返还给客户时与进店时一样干净。

(7)服务人员对客户本次入店维修表达真诚的感谢。

三、流程要点

"交车与送别"流程覆盖了从将客户的车辆和服务表单返还给服务顾问到客户最终离店的全部过程。这是客户下次继续选择我们的基础,往往离店前的感受对于客户的印象会更加深刻,会直接影响客户对特约店的服务评价。"交车与送别"流程中有以下几个关键点:

(1)服务顾问根据《环车检查单》和《维修委托书》的服务信息进行交车环车检查,如果发现未按照客户要求完成的服务项目,通知质量检验员重新进行质量检验或者进行返工。

(2)服务顾问将确认的全部服务结算信息录入"特约店运营管理系统",并且打印《服务结算单》。

(3)服务顾问第一时间通知在客户休息室等候的客户,邀请客户一起交付车辆。以客户首选的联系方式联系离店等候的客户,在服务接待区迎接客户并邀请一起交付车辆。

(4)服务顾问利用《服务结算单》与客户逐一项目沟通、确认和说明服务信息,争取客户的认同,确认客户完全清楚所说明的服务信息并且同意,请客户签字确认。

(5)服务顾问请客户出示客户的取车凭证(《维修委托书》),确认无误后,将《服务结算单》和《维修委托书》以及其他服务表单装订在一起,陪同客户前往收银室。

(6)服务顾问处理结算表单时制作车辆的出门凭证,和车辆钥匙一起交给客户。再次陪伴客户到车辆旁边主动为客户打开车门,提醒客户确认座椅和后视镜的位置是否合适。

四、流程案例及分析

1. 鼓励客户进行坦诚的反馈

1)规范行为

(1)征询客户:“您已经使用×(车型)两天,您对这个车型满意吗?”

(2)感谢客户的信任并表达自己正期盼他真诚的反馈。

2)禁忌

不要用“那是不对的!”之类的话语反驳客户,不要找借口:“我们没那么做!”不要责备客户:“您搞错了!”

2. 客户是我们的信息来源——我们热切地接受他的反馈

1)规范行为

(1)服务人员要接受反馈尤其是自己不喜欢的反馈意见。

(2)倾听,但不要解释或找理由辩解。

(3)平静地接受客户正在说的内容。

(4)询问自己不理解的事情,不是每个回答都能第一时间被理解,理解的关键是要了解背景及内容,此时可以说:“您能给我举个例子吗?”“为什么是那样,我们能怎么改变它?我不理解您刚才说的。”客户是获得信息最好的来源,因为那是他所亲身遇到并经历的状况。

2)禁忌

不要感到有个人攻击,不要责备别人,不要推测,不要打断客户说话。

3. 感谢客户的反馈

规范行为:

(1)感谢客户每个正面的评价:“感谢您坦率、真诚的反馈”,把这当作改进的激励。

(2)感谢客户每个负面的评价:“您观察得很仔细,谢谢”,把负面的评价看作是改进的最大机会。

4. 客户使用现金付款

1)规范行为

服务人员了解自己提供的服务的价值并且客户愿意支付真正相符的价格,这是唯一保证公司效益的方法。

2)禁忌

如果从客户那里接到现金,不要当着客户检查现金的真实性,这是一个明显不信任的信号。

5. 客户使用信用卡付款

规范行为:如果出现无法支付的问题应向客户表明:“对不起我们的数据暂时连接不上(或者我们的读卡器出现了故障),如果您愿意的话,您可以用现金支付账单”,这可以使服务人员避免把可能出现的信用卡无法支付问题归咎于客户。

6. 收据

1)规范行为

(1)确保在排列好发票、结算单和收据的边缘后再盖章,这可保证标志和其他重要的细节不被覆盖。

(2)把文档折叠成三个部分,确保每个部分是等尺寸而且边缘是整洁、平整的,并征询用户:“我把发票、结算单折叠后放进一个信封,可以吗?”这向客户表明为他服务的经销商是干净、整洁地进行工作。

2)禁忌

如果服务人员的手是脏的,不要折叠纸张,这将在纸上留下难看的印记。

7. 把发票/结算单递交给客户(带有惊喜)

规范行为:在发票信封中放置服务礼品(例如:巧克力),礼品会增进友谊,服务礼品会使客户对发票/结算单感到愉快。

8. 服务顾问陪同客户进行交接

规范行为:

(1)陪同客户到达出口。

(2)途中,友好地向每个遇到的人问好,这向客户表明:服务人员是为自己的公司感到骄傲,并且这种个人的接触对公司是很重要的。

(3)确保服务人员走在客户的左侧,这是一个对客户尊重和重视的特殊信号。

(4)如果展厅门是向里开的,扶住门,保持开启,让客户先行。如果展厅门是向外开的,服务人员先行并为客户扶住门,保持开启状态,清理路上的障碍物,尽可能使通向客户车辆的路干净、整洁。

五、流程步骤

1. 交车环车检查

1)车辆前部

(1)检查前部风窗玻璃和刮水器的外部损坏情况。

(2)检查车辆前部灯罩外部损坏情况。

(3)检查前保险杠和前护栅(中网)外部损坏情况。

(4)开启发动机罩,检查平顺度。

(5)检查发动机舱的外部损坏情况,检查制动液、发动机冷却液、转向助力油液的液位。

(6)位置和存储情况,检查维修工具是否遗漏在发动机舱中。

(7)检查蓄电池的电解液液位、接线柱腐蚀情况。

(8)检查传动带的外部损坏情况。

(9)检查软管的劣化或破裂情况。

(10)检查发动机机油的油位和油质,使用小毛巾等规范操作。

(11)关闭发动机罩,检查关闭情况,使用小毛巾等擦拭手触摸过的位置。右前翼子板和右前轮胎。

(12)检查右前翼子板的外部损坏情况。

(13)检查右前轮胎和轮毂的外部损坏情况、轮胎花纹磨损程度和气门嘴情况。

2)右前车门

开启及关闭右前车门和车窗,检查平顺度,使用小毛巾等擦拭手触摸过的位置。

3)右后车门

开启及关闭右后车门和车窗,检查平顺度,使用小毛巾等擦拭手触摸过的位置。

4)右后翼子板和右后轮胎

(1)检查右后翼子板的外部损坏情况。

(2)检查右后轮胎和轮毂的外部损坏情况、轮胎花纹磨损程度和气门嘴情况。

5)车辆后部

(1)检查后部风窗玻璃的外部损坏情况。

(2)检查车辆后部灯罩的外部损坏情况。

(3)检查后保险杠的外部损坏情况。

(4)开启行李舱盖,检查平顺度。

(5)检查行李舱内的备胎和工具,检查维修工具或零件是否遗漏在行李舱中,确认旧件的放置位置。

(6)关闭行李舱盖,检查关闭情况,使用小毛巾等擦拭手触摸过的位置。

6)左后翼子板和左后轮胎

(1)检查左后翼子板的外部损坏情况。

(2)检查左后轮胎和轮毂的外部损坏情况、轮胎花纹磨损程度和气门嘴情况。

7)左后车门

开启及关闭左后车门和车窗,检查平顺度,使用小毛巾等擦拭手触摸过的位置。

8)客户车辆旁边

(1)从车中取下车辆标识牌(预约标识或其他标识),去除客户车辆的驾驶座椅位置的标记。

(2)确认所有维修项目已经完成,确认《维修委托书》上有质量检验员的签字。

(3)确认车辆的清洁情况。

(4)最终确认检查结果,关闭并且锁闭客户车辆的门窗。

(5)进入服务接待区。

2. 处理结算表单

服务顾问将确认的全部服务结算信息准确录入“特约店运营管理系统”中,需要录入和确认的服务信息包括:

(1)已经记录的服务需求。

(2)客户反映的故障情况。

(3)故障诊断检查的结果。

(4)已经确定的服务项目。

(5)根据已经确定的服务项目所预计的服务时间(例如:故障诊断时间、预计交车时间等)。

(6)已经完成的服务项目的实际占用的服务时间(例如:维修的实际开始和完工时

间等)。

(7)已经完成的所有服务项目(确认《维修委托书》、专业检查单和“质量检验单”中的信息)。

(8)利用“特约店运营管理系统”和相关维修资料查询并且确定维修工时信息。

(9)利用“特约店运营管理系统”或者配件管理系统查询并且确定服务项目所涉及的配件信息(例如:名称、数量、费用和配件出库等)。

(10)确认所有已经完成的服务项目所涉及的服务合计费用(包括:工时费用、配件费用和其他费用等)。

(11)确认结算的服务合计费用和估算的服务合计费用(在《维修委托书》中已经记录)是否一致(没有超出估算范围),服务顾问利用“特约店运营管理系统”准备《服务结算单》,《服务结算单》中涉及的信息应该至少包括:已经完成的全部服务项目、确定的工时信息(项目和费用)、确定的配件信息(名称、数量和费用)、确定的服务合计费用、其他需要说明的事项。

3.确认服务交车

服务顾问确认客户下次进店定期维护的预计时间和行驶里程,制作“维护提醒标识”。

服务顾问最终确认车辆钥匙。

服务顾问最终确认《环车检查单》、《维修委托书》、“配件出库单”、“质量检验单”等服务表单中的全部服务信息。

服务顾问确认《维修委托书》中的所有服务项目都已经完成,需要交付客户的车辆已经准备就绪。

1)通知在店等候的客户

(1)服务顾问第一时间找到客户,通知在客户休息室或者在其他区域等候的客户。

(2)邀请并且陪同客户一起交付车辆,引导客户到服务交车区中客户车辆的停车位。

2)通知离店等候的客户

(1)以客户首选的联系方式联系客户(例如:短信、移动电话、固定电话、电子邮件、QQ号码等)。

(2)邀请客户一起交付车辆,在服务接待区迎接客户,热情称呼客户姓名并且表示欢迎客户再次进店。

(3)如果客户驾驶代步车辆进店,第一时间发现进店的客户车辆,服务顾问主动示意客户并且引导客户驾驶车辆进入客户停车区,主动为客户打开车门,热情称呼客户姓名并表示欢迎客户再次进店,向客户说明代步车辆的归还方法,根据代步车辆的记录信息和双方确认的使用代步车辆的合同条款,与客户一起进行代步车辆的检查,取回代步车辆的钥匙,提醒客户带走车内的贵重物品,并且陪同客户一起查看是否有遗漏的物品,引导客户到服务交车区中客户车辆的停车位。

(4)让客户知道服务顾问已经亲自检查了完工后的车辆。

(5)邀请客户一起查看已经完成所有服务项目的车辆。

(6)按照交车环车检查的标准,查看客户车辆的内饰和外观的状况。

(7)依据《环车检查单》、《维修委托书》、“配件出库单”、“质量检验单”中的全部服务信息，向客户逐项解释全部已经完成的服务项目，并且告知这些服务项目的作用和好处，向客户展示所有服务表单，并且结合实物进行说明。

(8)向客户逐项展示服务效果，确认服务效果符合客户的期望。

(9)向客户提示本次检查出来的但是没有得到客户同意的项目，说明进行相应的维修所带来的益处和暂时不进行维修可能导致的潜在危害。

(10)向客户展示更换下来的旧配件，利用新配件和旧配件的对比展示服务效果，可以利用新配件的安装部位、配件包装或者更换下来的旧配件辅注说明。

(11)告知客户其他的增值服务项目(例如：免费检查或者清洗车辆等)。

(12)告知客户“维护提醒标识”的用途，在征得客户同意后，在前风窗玻璃或者指定的位置进行粘贴。

(13)在客户面前拆下服务防护用品。

(14)与客户最终确认客户车辆的情况，关闭并锁上客户车辆的全部门窗。

(15)引导客户进入服务接待区。

4.说明服务信息

(1)服务顾问根据利用“特约店运营管理系统”打印的《服务结算单》的内容，和客户进行沟通并且争取客户的认同，与客户逐一项目确认、核对、说明《服务结算单》中的全部服务信息，必要时，查看《环车检查单》、《维修委托书》、“配件出库单”和“质量检验单”，需要向客户说明的服务信息应该包括：

①已经记录的服务需求。

②客户反映的故障情况。

③故障诊断检查的结果。

④已经确定的服务项目。

⑤根据已经确定的服务项目所预计的服务时间(例如：故障诊断时间、预计交车时间等)。

⑥已经完成的服务项目的实际占用的服务时间(例如：维修的实际开始和完工时间等)。

⑦已经完成的所有服务项目(确认《维修委托书》、专业检查单和“质量检验单”中的信息)。

⑧已经完成的所有服务项目所涉及更换的配件信息(例如：名称、数量、费用和配件出库等)。

⑨已经完成的服务项目所涉及的服务合计费用(包括：工时费用、配件费用和其他费用等)。

⑩确认结算的服务合计费用和估算的服务合计费用(在《维修委托书》中已经记录)一致(没有超出估算范围)。

⑪确认客户在结算付款时希望采用何种付款方式(例如：现金或者信用卡等)(在《维修委托书》中已经记录)。

⑫向客户说明服务项目、服务费用和服务时间的变更已经征求了客户的同意或者根据客户的需要安排其他时间再次进店维修。

(2)服务顾问最终确认客户已经完全清楚所说明的服务结算信息并且同意《服务结算

单》中记录的全部信息,请客户签字确认。

(3)如果根据客户的要求,需要对《服务结算单》中的服务结算信息进行变更,服务顾问与客户沟通后,利用“特约店运营管理系统”进行信息的变更,重新打印新的《服务结算单》,并且请客户签字确认。

(4)服务顾问还要向客户特别提示的内容:

①再次向客户提示本次检查出来的但是没有得到客户同意的项目,说明进行相应的维修所带来的益处和暂时不进行维修可能导致的潜在危害,强调客户在车辆使用过程中应该多加注意,如果出现任何异常状况,请拨打服务顾问名片中记录的24h服务热线或者直接与服务顾问联系。

②请客户注意在《维修委托书》中记录的服务提示内容(例如:下次维护周期的里程数或时间、预计更换制动摩擦片的行驶里程和维修的建议等)。

③提醒客户下次进店定期维护的预计进店的时间和行驶里程。

④询问和告知客户有关回访的信息,确认期望的联系方式和联系时间,在“特约店运营管理系统”或相关表单中进行记录。

a. 告知客户在客户离店后的72h内,客户服务中心会对客户进行服务满意度的回访。

b. 告知客户主要的回访内容,并且希望客户给予配合。

c. 询问客户合适的回访时间。

d. 询问客户首选的回访方式(电话回访或者非电话回访)。

5. 引导客户付款

服务顾问请客户出示客户的取车凭证(例如:接待与沟通时交给客户的一份《维修委托书》),确认无误后,服务顾问将一份《服务结算单》和一份《维修委托书》或者其他需要的服务表单装订在一起,邀请并且陪同客户一起前往收银室。

陪同客户付款:

(1)服务顾问向收银员介绍客户,收银员主动起立,友好地问候客户。

(2)服务顾问将装订在一起的一份《服务结算单》和一份《维修委托书》或者其他需要的服务表单递交给收银员。

(3)服务顾问主动告知收银员关于客户希望采用何种付款方式(例如:现金或者信用卡等)。

(4)收银员确认《服务结算单》中的服务结算信息,并且与客户确认。

(5)收银员主动询问客户对付款发票的需求。

(6)收银员主动提醒客户检查确认信用卡、付款发票的名称、打印的金额的正确性。

(7)收银员请客户在与服务结算相关的表单中签字。

(8)收银员将付款发票、装订在一起的一份《服务结算单》和一份《维修委托书》或者其他需要的服务表单放入服务结算专用信封中(信封内可以提前装有例如相关车型的使用提示等宣传资料),双手递送给客户。

(9)收银员起立,感谢客户的来访。

6. 主动送别客户

(1)服务顾问提醒客户查看并且携带好所有的私人物品,或者协助客户取出寄存在店内的物品。

(2)服务顾问将客户车辆的钥匙交给客户。

(3)如果客户离店时需要出示出门凭证,服务顾问在处理结算表单时制作车辆的出门凭证,和车辆钥匙一起交给客户。

(4)服务顾问再次陪伴客户来到服务交车区的客户车辆旁边。

(5)服务顾问主动为客户打开车门,并且以手遮护客户的头部,请客户上车。

(6)服务顾问提醒客户确认座椅和后视镜的位置是否合适。

(7)对于预约进店的客户:感谢客户选择预约的方式进店,希望客户下次进店继续选择预约的方式。

(8)对于非预约进店的客户:主动向客户宣传预约服务,详细说明预约服务的好处(例如:及时的接待、快速的维修、减少等候时间等),向客户介绍预约的具体方法,劝诱客户下次进店选择预约的方式。

(9)服务顾问感谢客户的光临,提示客户注意驾驶安全,为客户关闭车门。

(10)服务顾问向客户挥手道别。

(11)如果客户离店时需要出示出门凭证,相关引导人员请客户提供出门凭证并且表示感谢,主动引导客户离店。

六、流程练习

1. 确认服务交车

1)关键要素

(1)依据《环车检查单》、《维修委托书》、"配件出库单",向客户逐项解释已经完成的服务项目,告知这些服务项目的作用和好处,并且展示服务效果,确认服务效果符合客户的期望。

(2)展示所有服务表单,并且结合实物进行说明。提示本次检查出的但是没有得到客户同意的项目,说明进行相应的维修所带来的益处和暂时不进行维修可能的潜在危害。

(3)展示更换的旧配件,利用新配件和旧配件的对比展示服务效果,利用新配件的安装部位、配件包装或者更换下来的旧配件辅注说明。

告知客户其他的增值服务项目(例如:免费检查或者清洗车辆等)。

(4)告知"维护提醒标识"的用途,在征得同意后,在前风窗玻璃或者指定的位置进行粘贴。在客户面前拆下服务防护用品。引导客户进入服务接待区。

2)参考情境

"我已经亲自对车辆进行了检查……"

"现在邀请您和我一起进行交车环车检查,包括:内部和外观的检查,以确保我们的维修质量符合您的需求。"

"您的车辆本次进店进行的服务项目是……"

"您看,这是更换后的……更换之后可以保证……"

"您看,这是更换下来的旧配件……,已经放在副驾驶位置的地面上了。"

"我们已经对车辆进行了免费的清洗……"

“×先生/女士,您的车辆本次进店进行的是××km 的维护,下次需要进行维护的行驶里程是××km 或者 6 个月以后,以哪个先到为准,为了方便您及时进行车辆的维护,我们为您准备了《维护提醒标识》,我帮您贴在前风窗玻璃上,可以吗?”

“请您稍等,我拆下服务防护用品。”

2. 说明服务信息

1)关键要素

(1)服务顾问根据“特约店运营管理系统”打印的《服务结算单》,与客户进行逐项确认沟通并且争取客户的认同,必要时,查看《环车检查单》、《维修委托书》、“配件出库单”等。

(2)确认客户完全清楚服务结算信息并且同意《服务结算单》记录的全部信息,请客户签字确认。

(3)请客户注意《维修委托书》中记录的服务提示内容(例如:下次维护周期的里程数或时间,以及维修的建议等)。

(4)告知客户在 72h 内,客户服务中心会进行服务满意度回访,确认期望的联系方式和时间,记录在“特约店运营管理系统”或相关表单。

2)参考情景

“×先生/女士,现在请您和我一起到服务接待区……×先生/女士,您请坐。”

“×先生/女士,您本次进店的需要是……”

“您的车辆的故障现象是……我们的诊断结果是……”

“您的车辆本次进行的服务项目是……”

“预计的交车时间是×点×分。”

“实际的交车时间是×点×分。”

“我们已经对车辆进行了……更换了……”

“这次进行的服务项目涉及的工时费是……配件费是……合计服务费用是……”

“×先生/女士,您在结算付款时是希望采用信用卡的付款方式吧?”

“×先生/女士,请您再确认一下我向您说明的内容,如果没有疑问,请您在这里签字确认。”

“×先生/女士,如果在车辆的使用过程中出现任何异常状况,请您随时拨打我们的 24h 服务热线……或者直接与我联系。”

“×先生/女士,您的车辆本次进店进行的是××km 的维护,下次需要进行维护的行驶里程是××km 或者 6 个月以后,以哪个先到为准。”

“×先生/女士,为确保我们更好地为您服务,我们会在您离店后的 72h 内对您进行服务满意度的回访。”

“请问您什么时间比较方便接受我们的回访?”

“请问您希望我们采用何种方式对您进行回访?”

“请您出示取车凭证。”

3. 引导客户付款

1)关键要素

(1)服务顾问请客户出示客户的取车凭证(例如:接待与沟通时交给客户的一份《维修

委托书》),确认无误后,服务顾问将一份《服务结算单》和一份《维修委托书》或者其他需要的服务表单装订在一起,邀请并且陪同客户一起前往收银室。

(2)陪同客户付款:服务顾问向收银员介绍客户,收银员主动起立,友好地问候客户。服务顾问将装订在一起的一份《服务结算单》和一份《维修委托书》或者其他需要的服务表单递交给收银员。

(3)服务顾问主动告知收银员关于客户希望采用何种付款方式(例如:现金或者信用卡等)。收银员确认《服务结算单》中的服务结算信息,并且与客户确认。

(4)收银员主动询问客户对付款发票的需求。收银员主动提醒客户检查确认信用卡、付款发票的名称、打印的金额的正确性,请客户在与服务结算相关的表单中签字。

(5)收银员将付款发票、装订在一起的一份《服务结算单》和一份《维修委托书》或者其他需要的服务表单放入服务结算专用信封中(信封内可以提前装有例如相关车型的使用提示等宣传资料),双手递送给客户。收银员起立,感谢客户的来访。

2)参考情景

“×先生/女士,现在我带您到收银室进行付款。”

“这是我们的客户×先生/女士。”

“客户×先生/女士采用信用卡的付款方式。”

“×先生/女士,您这次的合计服务费用是……”

“×先生/女士,请问您需要开具的付款发票的名称是什么?”

“请您输入密码,请您确认付款的金额……”

“×先生/女士,如果没有疑问,请您在这里签字确认。”

“×先生/女士,这里是您本次进店的《维修委托书》、《服务结算单》、付款发票和我们的宣传资料,请您妥善保管。”

“感谢您的选择我们的服务。”

4. 主动送别客户

1)关键要素

(1)服务顾问提醒客户查看并且携带好所有的私人物品,或者协助客户取出寄存在店内的物品。服务顾问将客户车辆的钥匙交给客户。

(2)如果客户离店时需要出示出门凭证,服务顾问在处理结算表单时制作车辆的出门凭证,和车辆钥匙一起交给客户。服务顾问再次陪伴客户来到服务交车区的客户车辆旁边。

(3)服务顾问主动为客户打开车门,并且以手遮护客户的头部,请客户上车。

(4)服务顾问提醒客户确认座椅和后视镜的位置是否合适。

(5)对于预约进店的客户,感谢客户选择预约的方式进店,希望客户下次进店继续选择预约的方式。

(6)对于非预约进店的客户,主动向客户宣传预约服务,详细说明预约服务的好处(例如:及时的接待、快速的维修、减少等候时间等),向客户介绍预约的具体方法,引导客户下次进店选择预约的方式。

2)参考情景

“×先生/女士,请您查看并且携带好所有的私人物品。”

“×先生/女士,这是您的车辆的钥匙。”

“请您现在和我一起去服务交车区领取车辆。”

“×先生/女士,请您上车。”

“您的车辆的座椅和后视镜已经恢复到了进店时的位置,您感觉是否合适?”

对于预约进店的客户:“感谢您选择预约的方式进店,希望您下次进店继续选择预约的方式。”

对于非预约进店的客户:“×先生/女士,希望您下次进店能够选择预约的方式,采用这种方式不需要排队等候,可以节省您的时间……”

“×先生/女士,感谢您选择我们的服务,祝您一切顺利,再见。”

第六节　回访与关怀

通过跟踪维修服务并通过电话回访客户,使提供的服务更加完美,这是一个表明服务人员重视客户并重视服务人员对服务的承诺的好机会。电话回访对于服务是个很好的营销工具,这是服务人员一个很好地从客户得到关于服务质量的反馈机会,管理队伍及其余的员工能够利用这个信息来识别出改进的潜力。在完成一次约定的服务之后得到反馈是很重要的,并能确保由经过训练的员工进行电话回访,电话回访应该能加强服务并使为客户提供的服务更完美。

一、情景展现

肖燕是一名出色的回访专员,每天上班后的第一件事情就是把服务顾问递交的前一天的《维修委托书》进行整理,整理结束后打开电脑,调出今天需要进行回访的客户清单,肖燕开始逐一核对客户信息和客户首选的联系方式,根据需要采用电话、短信还是邮件等不同的联系方式进行了分类,然后逐一进行回访。

考虑到是刚上班的时间,有些客户可能还在上班的路上,不方便接听电话,于是肖燕首先处理采用短信和邮件等方式的回访,又准备好保修索赔政策、“配件价目表”等常用服务资料,以备客户提出相关的问题,同时准备了员工通信录、会员优惠政策、店内活动信息等资料和服务提示内容(例如:天气情况、道路交通流量信息等),一切准备就绪,看了看时间,差不多9点多了,这时肖燕开始进行电话方式的回访。

拨打的第一个电话无人接听,标注在《回访记录单》中后,肖燕按顺序拨打下一个电话号码,依照回访标准话术首先感谢客户的光临,询问车辆目前的使用情况和行驶里程数,提醒客户用车时的一些注意事项和上次的维修建议。在得到客户的肯定后,肖燕开始了解客户对于上次进店的满意程度,客户表示对服务很满意,但是也提出零件的到货时间有些长,她把客户反映的情况记录下来,也认真进行了询问与确认,并且给出了一些相应的解释,告知了订货周期和到货周期,客户表示可以理解,在得到客户满意的答复后,肖燕又提醒了客户下次维护车辆的里程和时间,并宣传了预约服务和24h紧急救援服务。客户对此表示非常满意。

接通电话结束以后,肖燕又再次拨打了之前没有接听的那位客户的电话。唉,还是无人接听,只好再次进行标注,稍后再次拨打,连续几次在不同的时段拨打这一号码,均无人接听,只好在《回访记录单》中记录下此电话无人接听的情况。这一天类似的情况发生了几起,有的是无人接听,有的是号码错误,肖燕都逐一记录在《回访记录单》中。

店里结合假期推出了服务营销活动,根据“特约店运营管理系统”中统计出的客户清单,根据客户首选的联系方式进行了通知。全部通知结束后,肖燕把明确表示愿意参与活动的客户在清单中做了标注,小心地保存了活动通知清单,以备在活动结束后进行统计分析。

肖燕在完成回访和服务活动通知的工作之后,将“服务满意度调查表”、“服务活动通知清单”和更新的客户档案信息进行了整理,录入到“特约店运营管理系统”中。

二、客户期望

(1)除了合理可靠地维修之外,客户期望得到更高级别的客户关怀。

(2)研究表明:一个满意的客户能够把一个正面的经历细节分享给 5 个人,一个不满意的客户将会把负面的经历告知另外的 11 个人,13% 的人将会把细节分享给超过 20 个人。有关数据显示,每个流失的客户(依据客户的年限)意味着经销商总共要损失超过 100 万元人民币,或者每年 5 万元人民币营业额。

(3)客户期望特约店在服务后对其进行回访与关怀。客户希望特约店做到:

①询问其体验,鼓励客户做出真实的反馈。

②给客户机会询问问题。

③快速并且专业地解决任何问题。

④快速并且高效地进行上述事项。

⑤感谢客户的惠顾。

⑥再次跟进并且提醒客户关于下次预约的事宜。

三、流程要点

“回访与关怀”就是了解并且确认客户是否获得了最佳的服务体验,可以通过短信、电子邮件、手写通知、邮寄信件或者个人亲自通知的方式进行,重点是让客户继续与特约店往来并且接受特约店的服务。“回访与关怀”流程中的关键点有以下几个:

(1)欢迎对公司提供的服务有直接体验的客户提出改进建议,因此在维修服务结束之后必须寻求客户反馈,只有通过这样的方式才能确定公司是否完全遵守了对客户的所有承诺。

(2)在服务活动后的 72h 内取得联系,向每个客户征求真诚的反馈,客户关怀的质量是给客户留下深刻印象的关键,服务之后服务人员越快地联系客户,客户就越会感觉服务人员对他的想法非常重视。

(3)根据一定的标准选择客户,准备电话回访,为了进一步工作的目的,通话人应该掌握所有有关提交的车辆详细资料及信息,也就是说,整个维修记录,也包括处理任务委托书的人员姓名,以及将来对维修服务的打算,打电话的人能够给出熟悉的反应。

(4)通话的人必须始终认真对待并记录负面的评价或批评,在这样的情况下,询问客户批评的原因、如何补救以及问题得到优先处理都是很重要的。

(5)感谢客户的信任并表达服务人员正期盼他真诚的反馈,“您的车两天前在我们这里,我代表公司再次感谢您选择我们的服务,您对我们提供的服务是否满意?”

(6)集中全部注意力对待客户,并且不要仅仅听取内容而是要听出“细微的差别”,用一些确认词来表明自己正在注意倾听,例如“好的、我明白了、哦、是的、我理解”,这表明服务人员对客户关注的问题是感兴趣的,他会感觉到服务人员对他的尊重。

四、流程案例及分析

1. 在通话前设立目标

规范行为:

(1)让满意的客户推荐服务,客户有很广的交际圈,如果服务人员能通过自己的行动给客户留下深刻的印象,客户将会很高兴地给其他人推荐服务人员的服务。

(2)表达愿望:“我们的目标是继续为您提供最好的服务,如果您能将我们推荐给其他人,我们会很开心”。每次交流都会给服务人员提供一个改变客户对其印象的机会。良好的表现会让客户确信自己选对了品牌。

2. 回访电话

规范行为:

(1)向客户档案中更新或添加联系的详细资料。

(2)输入新的联系预约并发送打印出的信息给客户(如果要求),留意每个单独的细节会让服务人员逐步建立起一个完整的客户资料,这产生了信任的感觉,并让服务人员远离竞争。

3. 使每次谈话的结束规范化

规范行为:

(1)创建一个包含最重要信息的表格(服务顾问的名字、接车时间、接车方式、替换车、初步的取车时间、价格、维修服务范围、必要的文档和停车位/维修接车的位置图)并通过电子邮件、信件或传真发给客户。

(2)可以收集整理最重要的详细资料。

(3)询问客户是否对每件事都清楚了,询问客户是否完全明白以确保客户的满意。

(4)询问客户是否还有其他没有解决的问题,询问客户是否还有什么事情,表示服务人员的关心:“是否还有其他我能为您做的?”

(5)如果遗留了一些没解释或不明确的问题,此刻是最后纠正的机会。

(6)如果客户积极地表达自己的想法,交流意见,那么在这种情况下就不容易放弃原来的主张,积极表达满意是一个约定的陈述,客户稍后也会承认,如果高质量的客户服务得到了客户的认可,将会再一次表现在客户满意度调查中。

(7)向客户解释下面要进行什么:“下面将要做的是……”,正确解释可充分体现专业性。

(8)致谢,致谢表明重视:“谢谢,占用您的时间了”,“我期待着您的光临”,向客户表达自己的愉快,可以展现亲和力以及对客户的重视。

五、流程步骤

1. 确定回访信息

服务顾问在客户离店后,最终确认“特约店运营管理系统”中的全部服务信息,核对《环车检查单》、《维修委托书》、“配件出库单”、“质量检验单”、《服务结算单》等全部服务表单中的全部服务信息,并且将这些服务表单装订在一起,妥善保存。

确认“特约店运营管理系统”中的全部服务信息,分类整理已经完工离店的客户车辆的全部服务表单(包括已经付款和没有付款)。

回访专员每日从“特约店运营管理系统”中确认当天需要感谢和回访的目标客户(在客户离店 72h 之内进行回访)的名单,制定回访计划并且取出需要感谢和回访的目标客户在进店时的全部原始服务表单。

确定回访进店客户的内容,设计“服务满意度调查表”。

2. 准备回访客户

(1)确认客户信息:

①车辆所有者:名称或者姓名、邮寄地址、邮政编码、联系电话、证件号码等必要信息。

②送修客户:姓名、邮寄地址、邮政编码、联系电话、证件号码等必要信息。

(2)确认车辆信息:车牌号码、车辆识别码、发动机号码、质量保证期、车辆型号、车身颜色等必要信息。

(3)确认服务履历:

①上次进店维修时的进店类型(预约进店或者非预约进店)。

②上次进店维修时的行驶里程。

③上次进店维修时的服务项目。

④上次进店维修时的服务费用。

⑤上次进店维修时建议的但是没有进行的项目。

(4)客户投诉的记录。

(5)了解客户首选的联系方式(例如:电话、短信、电子邮件、信件、QQ 号码等)。

(6)按照客户首选的联系方式和联系时间回访客户。

3. 其他方式回访

(1)确定回访进店客户的内容,设计“服务满意度调查表”。

(2)编写回访信息(包括感谢客户进店的信息、回访的目的、回访的内容和“服务满意度调查表”等)。

(3)采用个性化的沟通,尽量使用客户的姓名、车辆的型号等信息。

(4)向客户表达问候、感谢和关怀。

(5)说明回访的目的、回访的内容和“服务满意度调查表”。

(6)对于预约进店的客户:感谢客户选择预约的方式进店,希望客户下次进店继续选择预约的方式。

(7)对于非预约进店的客户:主动向客户宣传预约服务,详细说明预约服务的好处(例如:及时的接待、快速的维修、减少等候时间等),向客户介绍预约的具体方法,劝诱客户下次进店时选择预约的方式。

(8)按照客户首选的联系方式和联系时间采用非电话的方式(例如:短信、电子邮件、信件、QQ号码等),发送相关的回访信息。

(9)需要在回访信息文本中注明客户反馈的方式、反馈的时间及反馈的内容。

例如:"如果您愿意接受本次服务满意度的调查,……请您填写完整后,在×年×月×日前回复此邮件。"

(10)如果出现电话号码、邮寄地址、电子邮件地址、QQ号码等错误的情况,回访专员需要将始终无法取得联系的客户的详细情况记录在"特约店运营管理系统"或者《回访记录单》中,准备传递给服务顾问进行必要的核实。

4.电话直接回访

(1)按照客户首选的联系时间采用电话的方式直接回访客户。以友好、缓和的语调问候客户,包括以下内容:

①友好的问候,尊称客户姓氏,例如:李先生、李女士等。

②说明品牌的名称。

③说明特约店的名称。

④说明工作岗位的名称。

⑤说明本人的姓名。

⑥说明拨打客户电话的目的(回访客户)。

⑦征求客户关于接受回访的意见。

⑧通话过程中保持礼貌与热情。

(2)编制电话直接回访的标准话术,供回访专员进行练习,并且通过电话录音实施检查。

(3)如果出现三次无人接听或者电话号码错误的情况,回访专员需要将始终无法取得联系的客户的详细情况记录在"特约店运营管理系统"或者《回访记录单》中,准备传递给服务顾问进行必要的核实。

(4)如果客户表示暂时不能接受电话回访,应该立即停止回访,并且表示歉意,选择其他时间再进行服务回访。

5.说明回访信息

回访专员在与客户的通话过程中:

(1)核对客户信息:车辆所有者或者送修客户的姓名、邮寄地址、联系电话等必要信息。

(2)核对车辆信息:车牌号码、车辆型号等必要信息。

(3)核对服务履历:

①上次进店维修时的行驶里程。

②上次进店维修时的服务项目。

③上次进店维修时的服务费用。

④上次进店维修时建议的但是没有进行的项目。

(4)客户投诉的记录。

(5)感谢客户上次选择在本店进行维修。

(6)向客户说明此次回访的目的和意义,收集反馈信息以促进特约店不断地改进服务问题,持续提升服务能力。

(7)向客户说明此次回访的预计时间(建议:5min 内)。

(8)向客户说明此次回访的主要内容。

6. 收集回访信息

(1)了解客户的满意度。

(2)询问客户车辆的工作状况。

(3)征得客户的同意,依据确定的回访内容和“服务满意度调查表”,询问客户问题,例如:

①客户对总体服务体验的满意度(采用开放式的问题)。

②继续在本店进行维修的可能性。

③推荐本店服务部门的意愿。

(4)从客户的角度,了解还有哪些方面可以改善。

(5)对于在“服务满意度调查表”中的客户评分较低的问题,使用探索性的问题询问客户原因(例如:服务费用、服务时间、服务质量、对服务人员的感受、设备问题等)。

(6)倾听和记录与客户的谈话内容。

(7)根据对客户的需求的理解,以条例的形式向客户进行复述。

(8)向客户复述后,征求客户的确认,避免出现沟通不良或者理解错误。

(9)根据客户的关注程度,列出优先顺序,对已经了解的客户需求进行总结。

(10)询问客户是否还有需要帮助的其他事项,如果稍后想到,欢迎随时告知。

(11)最终再次征询客户的意见,表达充分尊重客户的意愿。

(12)避免出现没有及时充分表达清楚的遗憾,以及最大限度地收集客户的信息。

(13)对于预约进店的客户:感谢客户选择预约的方式进店,希望客户下次进店继续选择预约的方式。

(14)对于非预约进店的客户:主动向客户宣传预约服务,详细说明预约服务的好处(例如:及时的接待、快速的维修、减少等候时间等),向客户介绍预约的具体方法,劝诱客户下次进店选择预约的方式。

(15)感谢客户接受回访,提示客户注意驾驶安全。

(16)确定客户挂断电话后,再结束通话(注意:在客户之前挂断电话,是极度失礼的行为)。

(17)最后检查一遍沟通的过程,确认所收集的所有信息正确以及完整。

(18)完成在“特约店运营管理系统”或者《回访记录单》中对回访信息的记录。

(19)如果客户没有提出投诉或者其他需要回复的信息:回访专员最终查看并且整理“特约店运营管理系统”中的回访信息,将已经完成回访的《回访记录单》妥善保存。

(20)准备“邀请与预约”,及时更新“特约店运营管理系统”或者客户档案中的信息。

(21)确认客户信息:

①车辆所有者:名称或者姓名、邮寄地址、邮政编码、联系电话、证件号码等必要信息。

②送修客户:姓名、邮寄地址、邮政编码、联系电话、证件号码等必要信息。

(22)确认车辆信息:车牌号码、车辆识别码、发动机号码、质量保证期、车辆型号、车身颜色等必要信息。

(23)每月整理在“特约店运营管理系统”中的全部回访信息,制作“服务满意度分析报告”,与总经理和服务部门共同分析客户的需求,讨论并且制定服务方式或者技术能力等方面的改善方案,以保证客户满意度。

7.回复关怀客户

(1)如果客户提出投诉或者其他需要回复的信息:回访专员清楚地了解客户提出问题的所在(例如:服务类问题、配件类问题或者技术类问题等)。

①说明问题:使用开放式与封闭式的问题。

②复述问题:确保能够理解客户所提出的问题和担忧。

③解决问题:基于已经说明和没有说明的内容等线索来解决问题(与客户协商可以回复的预计时间点)。

(2)回访专员将与客户沟通的全部内容记录在“特约店运营管理系统”或者《回访记录单》中,确认客户反馈的信息的类型(例如:服务类问题、配件类问题或者技术类问题等)。

①如果是服务类的问题,采取首先向客户道歉,提供优惠服务和告知改进措施等比较合适的回复。

②如果是配件类的问题,采取查看配件出库或者订购记录,调整配件供应计划等比较合适的回复。

③如果是技术类的问题,采取告诉客户,服务顾问稍后将与客户取得联系,以便提供解决方法或者邀请进店,详细了解问题所在等比较合适的回复。

(3)根据客户反馈的信息,第一时间联系相关部门一起分析、讨论、制定和跟踪解决的方案。

(4)回访专员在承诺的回复时间点之前,主动联系客户,并且说明特约店的努力,争取客户的认同。

(5)如果客户的车辆没有一次修复,应该高度重视,服务部门必须及时分析、讨论、制定和跟踪解决的方案,在客户车辆下次进店时,努力确保一次修复,并且向客户提供免费取送车辆或者在维修期间提供代步车辆等关怀服务。

(6)通过电话直接回访,跟踪客户反馈的问题的解决方案,确保客户反馈的问题得到圆满解决。

(7)将客户反馈的问题和最终的解决方案记录在“特约店运营管理系统”中,以便与总经理和服务部门共同分析客户反馈的问题产生的原因和责任,讨论并制定服务方式、技术能力等方面的改善方案,以保证客户满意度。

六、流程练习

1.电话直接回访

1)关键要素

按照客户首选的联系方式和联系时间采用电话的方式直接回访客户。以友好、缓和的语调问候客户,包括以下内容:

(1)友好的问候,尊称客户姓氏,例如:李先生、李女士等。

(2)说明品牌的名称。

(3)说明特约店的名称。

(4)说明工作岗位的名称。

(5)说明本人的姓名。

(6)说明拨打客户电话的目的(回访客户)。

(7)征求客户关于接受回访的意见。

(8)通话过程中保持礼貌与热情。

2)参考情境

“×先生/女士,您好!(请问您是×先生/女士吗?)”

“这里是北京现代××特约店。”

“我是预约专员××。”

“这次拨打您电话的目的是对您上次进店维修进行服务满意度的回访。”

“您现在是否方便接听电话?”

“感谢您接受我们的回访。”

2. 收集回访信息

1)关键要素

(1)了解客户的满意度。依据“服务满意度调查表”,询问客户问题:客户对总体服务体验的满意度(采用开放式的问题)等。

(2)对客户评分较低的“服务满意度调查表”问题,使用探索性的方法询问原因(服务费用、时间、质量、设备、服务人员的感受等)。

(3)倾听和记录客户的谈话,依客户的关注程度,列出优先顺序,以条例的形式进行复述,复述后,征求客户的确认,避免出现沟通错误。

(4)最终再次征询客户的意见,避免未及时充分表达的遗憾,以及最大限度地收集客户信息。完成在“特约店运营管理系统”或者《回访记录单》中对回访信息的记录。

2)参考情景

“好的,我记录一下……”

“我了解您的需求是……”

“您看是这样吗?”

“我总结一下,您是需要……同时还需要……”

“现在我想询问您一些问题以确保我们获得了所有需要的信息。”

“感谢您选择预约的方式进店,希望您下次进店继续选择预约的方式。”

“×先生/女士,希望您下次进店能够选择预约的方式,采用这种方式不需要排队等候,可以节省您的时间……”

“×先生/女士,再次感谢您接受我们的回访,祝您一切顺利,再见。”

本章小结

1.“邀请与预约”的主要目的是控制客户到访特约店的流量,分配在低谷时段,保证服务顾问与客户交流的时间和服务质量最大化,提高客户满意度。希望客户通过预约服务,感受到特约店高度的专业性,特约店能够满足其需求,并且会确保随时为其服务,这样客户就会了解预约进店的好处。

2.“接待前准备”这一流程的主要目的是确保客户在到达特约店前特约店已经做好了充分准备。特约店希望保证服务顾问与每位客户的交流时间和服务质量,在最大程度上方便客户,提高客户满意度。

3.“接待与沟通”这一流程的主要目的是带给客户积极的第一印象,让客户建立起对特约店的信心,相信自己选择了正确的特约店。

4.“维修与检验”这一流程的主要目的在于,通过设定的最高标准,完美地执行每一步操作流程,在预算范围内,准时而且优质地完成维修工作。确保满足客户在此次服务体验中对交车时间、维修费用以及服务质量的所有要求。服务人员完成所有工作,车辆准备好后交给客户,填好所有的服务表单。总之,此流程旨在确保特约店正确执行维修作业的质量检验标准,同时确保与客户的期望相符。

5.“交车与送别”流程覆盖了从将客户的车辆和服务表单返还给服务顾问到客户最终离店的全部过程。这是客户下次继续选择特约店的基础,往往离店前的感受对于客户的印象会更加深刻,会直接影响客户对特约店的服务评价。

6.“回访与关怀”就是了解并且确认客户是否获得了最佳的服务体验,可以通过短信、电子邮件、手写通知、邮寄信件或者个人亲自通知的方式进行,重点是让客户继续与特约店往来并且接受特约店的服务。

复习思考题

1.汽车售后服务分别包括了哪几个环节?

2.售后服务各环节中的关键点是什么?

3.如何在汽车售后服务各环节中实践汽车服务礼仪?

4.通过学习本章,你认为如何提升客户的满意度?

参考文献

[1] 金正昆.商务礼仪教程[M].北京 :中国人民大学出版社,1999.
[2] 石虹、胡伟.汽车营销礼仪[M].北京:北京理工大学出版社,2010.
[3] 王亚维.汽车服务礼仪[M].北京:电子工业出版社,2015.
[4] 韩爱群.商务礼仪实务[M].北京:北京理工大学出版社,2012.
[5] 黄玉萍.现代礼仪实务教程[M].北京:北京交通大学出版社,2008.
[6] 程言昌.汽车销售与售后服务[M].北京:北京理工大学出版社,2008.